50 Lieblingsbücher zum Vorlesen und Selberlesen | **David Almo**[redacted]ondes • **Vita Andersen** – Petruschkas Lackschuhe • **Kirsten Boie** – Mit Jakob wurde alles anders • **Robert Bolt** – Der kleine dicke Ritter • **Zoran Drvenkar** – touch the flame • **Michael Ende** – Der satanarchäolügenialkohöllische Wunschpunsch • **Willi Fährmann** – Der lange Weg des Lukas B. • **Cornelia Funke** – Potilla • **John Reynolds Gardiner** – Steinadler • **David Grossman** – Zickzackkind • **Josef Guggenmos** – Was denkt die Maus am Donnerstag? • **Peter Hacks** – Liebkind im Vogelnest • **Peter Härtling** – Das war der Hirbel • **Christoph Hein** – Das Wildpferd unterm Kachelofen • **Sigrid Heuck** – Saids Geschichte • **W. und H. Hohlbein** – Drachenfeuer • **Janosch** – Lari Fari Mogelzahn • **Tove Jansson** – Die Mumins. Eine drollige Gesellschaft • **Diana Wynne Jones** – Zauberstreit in Caprona • **Erich Kästner** – Pünktchen und Anton • **Klaus Kordon** – Die roten Matrosen • **Irina Korschunow** – Die Wawuschels mit den grünen Haaren • **James Krüss** – Mein Urgroßvater und ich • **Guus Kuijer** – Wir alle für immer zusammen • **Marjaleena Lembcke** – Als die Steine noch Vögel waren • **Gunnel Linde** – Wie eine Hecke voll Himbeeren • **Astrid Lindgren** – Kalle Blomquist Meisterdetektiv • **Hugh Lofting** – Doktor Dolittle und seine Tiere • **Paul Maar** – Der tätowierte Hund • **Patricia MacLachlan** – Schere, Stein, Papier • **Henning Mankell** – Der Hund, der unterwegs zu einem Stern war • **Tilde Michels** – Kleiner König Kalle Wirsch • **A. A. Milne** – Pu der Bär • **Christine Nöstlinger** – Konrad oder Das Kind aus der Konservenbüchse • **Sheila Och** – Das Salz der Erde und das dumme Schaf • **Gudrun Pausewang** – Die Wolke • **Benno Pludra** – Das Herz des Piraten • **Mirjam Pressler** – Wenn das Glück kommt, muss man ihm einen Stuhl hinstellen • **Jan Procházka** – David und der Weihnachtskarpfen • **Bjarne Reuter** – So einen wie mich kann man nicht von den Bäumen pflücken, sagt Buster • **Jutta Richter** – Der Hund mit dem gelben Herzen • **Rafik Schami** – Eine Hand voller Sterne • **Hermann Schulz** – Auf dem Strom • **Jerry Spinelli** – Taubenjagd • **Andreas Steinhöfel** – Die Mitte der Welt • **Karlijn Stoffels** – Mojsche und Rejsele • **Annika Thor** – Eine Insel im Meer • **Uwe Timm** – Der Schatz auf Pagensand • **Pamela L. Travers** – Mary Poppins • **Mats Wahl** – Winterbucht **| Ausgewählt von der Kinder- und Jugendbuchredaktion der Süddeutschen Zeitung | 2005 – 2006**

Paul Maar

Der tätowierte Hund

Dieses Buch gehört

Inhalt

Die in der Geschichte erzählten Geschichten

Eines Tages – es war nachmittags gegen halb fünf – kam ein Hund in den Urwald und traf dort einen Löwen.

„Woher kommst du denn?“, fragte der Löwe erstaunt.

„Von Nordosten“, sagte der Hund und deutete nach Süden.

„Und wo willst du hin?“

„Nach Südwesten“, erwiderte der Hund und deutete nach Norden.

„Und wer bist du eigentlich?“

„Der tätowierte Hund!“, entgegnete der Hund.

„Wer?“, fragte der Löwe mit großen Augen und hielt vor Staunen den Kopf ganz schief.

„Der tätowierte Hund!“, wiederholte der Hund nachsichtig.

Darauf machte der Löwe „Aha!“ und dann stockte ihr Gespräch für eine Weile. Der König der Tiere wusste nichts mehr zu sagen und betrachtete nun ganz ausführlich diesen seltsamen Reisenden. Wenn er nicht gerade erfahren hätte, dass jener ein Hund sei, so hätte er ihn sicher für ein Schwein gehalten. Denn er hatte zwar Kopf, Ohren und Schwanz eines Hundes, aber überhaupt kein Fell: Seine Haut war glatt und rosig wie bei einem Ferkel oder bei einem Menschen.

Aber das Erstaunliche und noch viel Außergewöhnlichere an ihm war, dass seine Haut ganz und gar bedeckt war mit Mustern, Zeichnungen und feinen blauen und roten Malereien.

Da waren verschlungene Zeichen eintätowiert, fremdartige Pflanzen, seltsame Blumen und riesige Bäume und Vögel mit langen Federn. Und dazwischen kleine Bilder mit kuriosen Menschen, Ereignissen und vielen Tieren, so schön und genau ausgeführt, dass dem Löwen beim Betrachten Zweifel kamen, ob die Bilder nur gezeichnet waren oder ob sie lebten.

Wenn sich der Hund bewegte, dann bewegten die Bäume auf seinem Rücken ihre Äste wie bei einem Windstoß. Und wenn er ein wenig mit der Haut zuckte, dann schlugen die Vögel auf den Bildern wild mit den Flügeln und ihre Schwänze mit den langen Federn zitterten.

Der tätowierte Hund schien es gewohnt zu sein, dass man ihn so anstarrte. Denn er blieb dabei ganz gelassen sitzen, stand auf Wunsch des Löwen sogar auf, als dieser eine Zeichnung auf dem Hinterteil des Hundes bewundern wollte, und legte sich schließlich auf den Rücken, damit die prachtvollen Bilder auf seinem Bauch zu sehen waren.

„Jedes dieser Bilder bedeutet eine Geschichte", erklärte er endlich dem Löwen, als dieser nach längerer Zeit mit dem Anschauen fertig war.

„Eine Geschichte!", freute sich der Löwe, der furchtbar gern Geschichten hörte. „Bitte, erzähle mir wenigstens eine davon!"

„Mit Vergnügen! Aber wenn man so hungrig ist wie ich, erzählt man sehr schlecht." Und der tätowierte Hund blickte sehnsüchtig auf ein Leberwurstbrot, das er in der geöffneten Aktentasche des Löwen entdeckt hatte.

Der König der Tiere, der zwischen dem Regieren immer gern eine Kleinigkeit aß, trennte sich ungern von dem Brot. Aber weil er Geschichten so liebte (und weil er unten in der Tasche noch einen Schinken, vier Käsebrote, zwei Marmeladensemmeln und eine Salzgurke hatte), schenkte er dem Hund das Leberwurstbrot, wartete, bis dieser es gegessen hatte (das ging schnell), deutete auf eine Stelle des Rückens und fragte: „Was bedeutet das?“

„Das“, sagte der Hund ohne sich umzusehen, denn er schien sich auf seinem Körper erstaunlich gut auszukennen, „das ist einfach nur ein schönes Muster und bedeutet überhaupt nichts!“

„Aha!“, meinte der Löwe (nun schon zum zweiten Mal). „Und was ist das?“

Dabei deutete er auf eine andere Stelle.

„Dies“, sagte der Hund ohne hinzusehen, „ist ein Bilderrätsel.“

Der Löwe machte zum dritten Mal „Aha!“ und betrachtete das Rätsel ganz ausführlich. „Aber das sind alles keine Geschichten“, klagte er, „höchstens Erklärungen!“

„Gewiss“, bestätigte der Hund, „aber du musst auch die Bilder auswählen, die schwarz gezeichnet sind, einen Rand haben und auf denen Tiere oder Menschen dargestellt sind!“

„Dann möchte ich die Geschichte von diesen drei Katzen hören", sagte der Löwe und deutete auf eine Zeichnung am Hinterkopf des Hundes.

„Katzen, was heißt hier Katzen!", rief der empört. „Ich würde es nie zulassen, dass man meinen Körper mit dem Bild eines so unsympathischen Tieres verschandelt! Manche Zeichnungen sind vielleicht nicht besonders gut gelungen, aber jedes vernünftige Tier sieht doch, dass es sich hier um Affen und nicht um Katzen handelt!"

„Verzeihung, ich habe meine Brille nicht auf und meine Augen sind nicht mehr die besten!", entschuldigte sich der Löwe. „Ich meine natürlich die Geschichte von den Affen."

„Die beiden Affen", erklärte der tätowierte Hund besänftigt, „sind der Affe Schlevian und der Affe Kukuk und außerdem die frechsten, die ich kenne."

„Das will bei Affen etwas heißen!", warf der Löwe ein.

„Allerdings! Es gibt nur wenige Tiere, denen sie noch keinen Streich gespielt haben. Sie sind Schelme, Spitzbuben und Spaßmacher, listig, durchtrieben und lustig – aber eigentlich nicht böse dabei. Oder wenigstens nicht sehr böse. Wenn sie einen neuen Streich ausgeheckt haben, lachen alle anderen Tiere darüber. Allerdings nur so lange, bis sie selber an der Nase herumgeführt werden. Dann finden sie die Späße albern, die Affen frech und die Lacher dumm!"

„Du kannst sie anscheinend trotzdem gut leiden", stellte der Löwe fest und riet dann: „Der auf der linken Seite ist sicher der Affe Kukuk."

„Nein, das ist der Affe Schlevian."

„Aha! Und der Affe Kukuk muss dann wohl der in der Mitte sein!"

„Nein, der Affe Kukuk steht rechts."

„Und wer ist der Affe in der Mitte?"

„Das ist kein Affe!"

„Also doch eine Katze!", rief der Löwe triumphierend. „Meine Augen sind doch nicht so schlecht, wie man immer sagt!"

„Ich muss dich enttäuschen! Der in der Mitte ist keine Katze, sondern ein Mensch. Und zwar der Nusshändler."

„Welcher Nusshändler?"

„Der Nusshändler! Es gibt nur einen und der ist es."

„Und was will er auf dem Bild?"

„Er ist auf dem Bild, weil er in der Geschichte vorkommt. Und wenn du nicht aufhörst Zwischenfragen zu stellen, kommst du nie zu deiner Geschichte."

Darauf war der Löwe ganz still und der tätowierte Hund erzählte:

Erstes Kapitel

Wie der Affe Schlevian und der Affe Kukuk dem Nusshändler einen Sack Nüsse stahlen

Die anderen Leute hatten den Nusshändler gewarnt.

„Geh lieber nicht durch den Urwald", hatten sie gesagt, „das ist zu gefährlich!"

„Warum?", hatte er ganz ängstlich gefragt. „Gibt es wilde Tiere dort?"

„Wilde Tiere gibt es zwar nicht", hatten die Leute geantwortet, „aber der Affe Schlevian und der Affe Kukuk wohnen in diesem Wald. Und ehe du zweimal Nussknackerherstellungsgesellschaft sagen kannst, haben sie dir deinen Sack mit Nüssen schon gestohlen."

„Dummes Geschwätz!", lachte der Nusshändler. „So lange Worte sage ich sowieso nicht. Und schon gar nicht zweimal. Und erst recht nicht im Urwald! Ich sage zwar manchmal: Erdnussöl oder Kokosnussmilch, vielleicht auch zuweilen: Haselnussmühle oder Walnusskuchenrezept oder Nussbaumholzkommode oder Nussschalenzerkleinerungsmaschine oder ..."

„Schon gut, wir glauben dir ja", unterbrachen ihn die Leute. „Wir haben dich jedenfalls gewarnt!"

„Und außerdem“, fügte der Nusshändler hinzu, „habe ich immer einen kräftigen Haselnussstecken bei mir (mit Nussöl eingerieben, damit er geschmeidig bleibt), mit dem kann ich die Spitzbuben schon vertreiben.“

So lud er einen Sack mit Nüssen auf seinen Schubkarren aus Nussbaumholz, spuckte kräftig in die Hände, setzte seinen haselnussbraunen Hut auf und fuhr fröhlich pfeifend in den Wald hinein.

Der Affe Schlevian und der Affe Kukuk saßen gerade auf dem Ast eines großen Baumes, hatten die Rücken an den Stamm gelehnt, ließen die Füße baumeln und spielten Wer-kann-länger-die-Luft-anhalten, als

sie irgendwo unter sich das Lied vom alten Nussbaum pfeifen hörten.

„Steig doch hinauf in den Wipfel und sieh nach, wer da kommt!“, sagte der Affe Schlevian zum Affen Kukuk.

Doch der hielt gerade die Luft an und zeigte durch Gesten, dass er sich jetzt nicht bewegen könne.

So musste sich Schlevian selber bequemen. Langsam kletterte er hoch und ganz schnell kam er wieder herunter, schüttelte aufgeregt den Affen Kukuk an der Schulter und rief:

„Weißt du, wer da unten durch den Wald geht? Kein anderer als der Nusshändler! Auf seinem Schubkarren liegt ein kleiner Sack, ich möchte wetten, da sind die schönsten Nüsse drin! Die müssen wir haben!“

Hastig kletterten sie auf den Boden, rannten ganz leise hinter dem Nusshändler her, bis sie ihn fast eingeholt hatten, und schlichen dann atemlos näher und näher.

Aber der Nusshändler hatte aufgepasst: Als die beiden Affen gerade neben ihm waren und schon nach dem Sack greifen wollten, ließ er den Schubkarren plötzlich los, ergriff seinen Stock, drosch dem Affen Schlevian einen Schlag übers Hinterteil und gab dem Affen Kukuk einen auf den Rücken, dass sie vor Schreck und Überraschung aufquietschten, einen halben Meter hoch in die Luft hüpften und eilig im Gebüsch verschwanden.

„Denen habe ich gezeigt, was ein rechter Nusshändler ist!“, sagte er dann befriedigt und nahm seinen Karren wieder auf. „Die werden wohl nicht wiederkommen!“, und ging pfeifend weiter.

Doch da kannte er die beiden Affen schlecht! Denn die saßen hinter dem Busch, rieben sich Rücken und Hinterteil und dachten nicht daran, den Mann mit seinen Nüssen einfach davonziehen zu lassen.

„Er ist stärker als wir", sagten sie, „wir müssen sehen, wie wir ihn überlisten können." Und sie dachten nach.

Der Nusshändler mochte vielleicht eine Viertelstunde seinen Weg fortgesetzt haben, als es plötzlich nicht mehr weiterging. Ein Ast lag auf dem Boden, quer über dem Weg, und war so dick, dass er seinen Karren nicht darüber schieben konnte.

„Immer diese Unordnung in diesen Urwäldern!", seufzte er, stellte den Schubkarren ab und wollte den Ast gerade beiseite ziehen, als er hinter sich eine Bewegung bemerkte. Er drehte sich schnell um. Und was sah er? Die beiden Affen! Sie waren vorausgeeilt, hatten den Ast auf den Weg gelegt, sich hinter einem Busch verborgen und waren nun gerade dabei, gemeinsam den Nusssack vom Karren zu ziehen.

Da ergriff den Händler die Wut und er seinen Stock; er rannte auf die beiden zu und hätte sie sicherlich arg verprügelt, wenn sie nicht schnell den Sack fallen gelassen hätten und im Gebüsch verschwunden wären.

„Die sind schlauer, als ich dachte", sagte der Nusshändler zu sich selbst, als er seine Fahrt fortsetzte. „Ich muss aufpassen, dass sie mir nicht noch so einen Streich spielen!"

Und wirklich – kaum war er zweihundert Schritte weitergegangen, da sah er den Affen Schlevian vor sich mitten auf dem Weg sitzen. Langsam und misstrauisch schob er den Karren näher heran, hielt dann an und tat so, als wolle er nach seinem Stock greifen.

„Du brauchst mich nicht zu schlagen“, rief der Affe schnell, „ich habe keine schlechten Absichten!“

„Was willst du dann?“, fragte der Händler. „Und wo ist der andere Affe?“

„Der Affe Kukuk ist fort!“, rief der Affe Schlevian. „Und ich will nichts anderes als dir ein Rätsel aufgeben.“

„Das darfst du“, sagte der Nusshändler. „Aber komm mir dabei nicht zu nahe, sonst gibt es Hiebe!“

„Gut!“, sagte Schlevian. „Erst will ich durch eine schwierige Frage prüfen, ob du so schwere Rätsel überhaupt lösen kannst. Also: Was befindet sich dort in diesem Sack?“

„Aber das ist doch kinderleicht!“, rief der Händler und lachte geringschätzig. „In dem Sack sind Nüsse von der allerfeinsten Sorte.“

„Sehr gut!“, sagte der Affe. „Ich sehe, du bist ein ausgezeichneter Rater. Aber nun mein Rätsel:

In einem Fass aus Holz
Da liegt ein feines Ei.
Und wer es haben möcht,
Der schlägt das Fass entzwei.“

So lange der Händler auch darüber nachdachte, die Lösung fiel ihm nicht ein.

„Ich werde es dir verraten“, sagte der Affe schließlich. „Es ist die Haselnuss!“

„Die Haselnuss?“, fragte der Händler überrascht.

„Ja, die Haselnuss! Das hölzerne Fass ist die Schale und darin liegt der süße Kern von der Form eines Eies.“

„Das Rätsel gefällt mir!“, rief der Händler begeistert.

„Das muss ich mir gleich aufschreiben, damit ich es nicht vergesse!“ Er stellte seinen Schubkarren ab, zog Bleistift und Papier aus der Tasche und begann zu schreiben.

Da teilten sich die Zweige eines Busches, neben dem der Wagen stand; der Affe Kukuk, der darin gesessen hatte, schlich heraus, nahm ganz leise den Sack vom Karren und hob ihn auf die Schulter. Und wenn der Händler nicht nachgedacht hätte, ob man „Fass“ wohl mit zwei s schreibt oder mit ß und dabei von seinem Blatt hochgeschaut hätte, dann wäre der Affe mit dem Sack im Gebüsch verschwunden.

So bekam er ihn gerade noch zu fassen, entriss ihm die Beute und der Affe beeilte sich, *ohne* den Nusssack da in das Gebüsch hineinzuhüpfen, wo er vorher *mit* ihm verschwinden wollte.

Als der Nusshändler einsah, dass er den Affen Kukuk nicht mehr fassen würde, und sich umwandte, um dem Affen Schlevian nun auf seine Art ein Rätsel auf das Hinterteil zu schreiben, da war dieser schon auf einem Baum verschwunden.

„Das ist ja zum Nüsseaufbeißen!“, schimpfte der Händler. „Die beiden machen mir noch graue Haare, wenn das so weitergeht!“

Und es ging so weiter.

Denn kaum hatte er ein paar hundert Schritte getan, da sah er schon von weitem etwas neben der Straße liegen. Als er näher kam, erkannte er, dass es der Affe Kukuk war.

Sogleich wurde er wieder wütend und fing an zu schimpfen.

Doch als der Affe auf sein Schimpfen und Drohen nicht reagierte und auch still liegen blieb, als er ganz nahe war, hielt der Nusshändler an und hörte auf zu schimpfen. Vielleicht ist dieser Affe wirklich eingeschlafen, dachte er. Wer weiß, vielleicht ist er müde vom vielen Rennen! Eine großartige Gelegenheit, ihn einzufangen! Und nachdem er alle Büsche neben dem Weg nach dem Affen Schlevian abgesucht hatte, stellte er den Karren ab und schlich auf den Affen Kukuk zu.

Als er aber nur noch zwei Schritte von dem Schläfer entfernt war, sprang dieser auf und verschwand vor den Augen des verdutzten Händlers im Unterholz. Da war ihm klar, was da gespielt wurde. Wie der Blitz rannte er zu seinem Wagen zurück.

Aber diesmal war es zu spät! Denn in der Zwischenzeit war Schlevian am Stamm des Baumes, auf dem er sich verborgen hatte, herabgeklettert und gerade war er dabei, mit dem Sack wieder im Wipfel zu verschwinden. So schnell der Händler auch rannte – es war zu spät. Mit dem Nusssack in der Hand schwang sich der Affe von Ast zu Ast, von Baum zu Baum und war gleich darauf im grünen Dickicht verschwunden.

Da stimmte der Händler ein einstimmiges, aber trotzdem lautes Schimpfkonzert an, schlug mit seinem Stock den Takt dazu in die Luft und war so wütend dabei, dass er sich in seinem Text verhedderte und verhaspelte, sodass er am Ende selber nicht mehr wusste, was er eigentlich schimpfen wollte.

„Das ist doch zum Nussaufbeißen, zum Nussbaumausreißen! Oh, ich dumme Nuss!“, schrie er ein übers andere Mal. „Wenn ihnen nur täglich eine Nuss auf den dicken Kopf fiele und ein Pfund Nussschalen hinterher! Auf diese Spitzbuben müsste es Erdnüsse regnen und Hagelnüsse haseln, was sage ich: Haselnüsse hageln! Diese spitzbubigen Nussdiebe, diese nussdiebigen Spitzbuben, diese spitznüssigen Diebesbuben, diese nussbubigen Spitzdiebe und spitzdiebischen Nussbuben! Diese diebesbubigen Nussstibitzer!“

Und schimpfend musste er den leeren Schubkarren den ganzen Weg zurückschieben, den er gekommen war.

Der Affe Kukuk hatte sich sehr gefreut, als ihre List so gut glückte, und kehrte nun auf dem schnellsten Weg zu ihrem Wohnbaum zurück, um dort den Affen Schlevian zu treffen. Aber der war noch nicht da.

„Ich will hier auf ihn warten", sagte sich der Affe Kukuk. „Mit einem Nusssack auf der Schulter kommt man sicherlich nur langsam voran!" Er setzte sich auf einen der dicken unteren Äste, dachte an die vielen Nüsse, die er jetzt bald essen würde, und das Wasser lief ihm im Mund zusammen.

Aber so lange er auch wartete und sich dabei kratzte, der andere kam nicht. Er rief laut: „Schlevian, Schlevian!" Aber niemand antwortete und langsam stieg ein arger Verdacht in ihm auf.

Da machte er sich auf die Suche nach dem Affen Schlevian. Er kannte sich im Wald besser aus als seine Mutter in ihrem Nähkästchen, da er sich in allen Winkeln und Verstecken bei dieser und jener Gelegenheit schon verborgen hatte, und so fand er ihn auch bald an einem kleinen See, der abgeschieden hinter Felsen und dichten Büschen lag. Eigentlich müsste man sagen: *in* einem kleinen See, denn der Affe Schlevian saß auf einem Baumstamm, der im Wasser schwamm, gerade so weit vom Ufer entfernt, dass man ihn mit einem Sprung nicht mehr erreichen konnte. Den Sack mit Nüssen hatte er geöffnet auf seinem Schoß stehen und war gerade dabei, eine Haselnuss mit seinen starken Zähnen aufzuknacken. Rings um ihn herum schwammen leere, zerbrochene Nussschalen im Wasser.

„Was ist denn mit meinen Nüssen?", fragte der Affe Kukuk fassungslos vom Ufer aus.

„Mit welchen Nüssen?", fragte Schlevian freundlich zurück, spuckte Nussschalen aus, nahm den Kern in die Hand und betrachtete ihn von allen Seiten.

„Frag nicht so dumm!", rief Kukuk wütend. „Natürlich meine Hälfte von dem Nusssack, den du vor dir stehen hast!"

„Und warum soll es deine Hälfte sein?", fragte Schlevian, beroch die Nuss, die er in der Hand hatte, schleuderte sie dann ins Wasser und langte nach einer neuen.

„Weil wir zusammen die Nüsse gestohlen haben!"

„Gestohlen ist kein feines Wort", sagte Schlevian und verzog das Gesicht. „Sagen wir doch lieber: mitgenommen."

„Weil wir die Nüsse zusammen mitgenommen haben", verbesserte sich Kukuk folgsam.

„Zusammen?", fragte Schlevian erstaunt und kaute an einer Nuss. „Soweit ich mich erinnern kann, habe ich den Sack allein mitgenommen!"

„Du willst mir also nichts abgeben?", rief Kukuk empört.

„Nein", schmatzte Schlevian undeutlich mit vollem Mund und vertiefte sich wieder in seinen Nusssack. Der

Affe Kukuk drehte sich um und verschwand im Wald, ohne ein weiteres Wort zu sagen. Erst wollte er sich nur einfach irgendwohin setzen und traurig sein, bald darauf wollte er etwas ganz Böses ausdenken und schließlich hatte er noch eine bessere Idee. Er fing ein Eichhörnchen, das vor ihm auf einem Baum herumturnte, schüchterte das arme Tier schrecklich ein und erzählte ihm, er habe gar nicht weit entfernt einen großen Tiger gesehen, der einen sehr hungrigen Eindruck machte. Das Tierchen wurde vor Schreck ganz steif und war fast eine Viertelstunde lang stiller als ein Pflasterstein.

Nun setzte er sich das verdatterte Eichhörnchen auf den Kopf, ließ den buschigen Schweif an der Seite herabhängen und ging wieder zum See. Dort stolzierte er am Ufer auf und ab und tat so, als sähe er den Affen Schlevian auf seiner schwimmenden Insel gar nicht.

Der staunte mit offenem Mund, vergaß ganz, seine Nüsse zu kauen, ruderte den Stamm ein wenig näher und fragte: „Was ist in dich gefahren? Du tänzelst ja wie ein Zirkuspferd, schreitest gespreizt auf und ab und wiegst dich dabei in den Hüften! Was soll das bedeuten?"

Der Affe Kukuk beachtete ihn mit keiner Miene, trippelte weiter graziös hin und her, blieb stehen, betrachtete wohlgefällig sein Spiegelbild im Wasser, rückte das Eichhörnchen etwas zurecht, schien danach noch zufriedener mit seinem Aussehen zu sein und fuhr fort geziert auf und ab zu promenieren.

Jetzt ruderte der Affe Schlevian ganz an das Ufer, starrte den Affen Kukuk an und fragte schließlich:

„Was trägst du denn auf dem Kopf?"

Der Affe Kukuk schlenderte an ihm vorbei, machte eine elegante Wendung, stolzierte zu ihm zurück und sagte im Vorbeigehen leichthin: „Das ist eine russische Pelzmütze. Ein Modell übrigens, sehr teuer! Aber – wie du siehst – auch sehr elegant. Sie scheint mir ausgezeichnet zu stehen, denn die Waldohreule sagte vorhin, als ich an ihr vorbeiging: ‚Herr Affe Kukuk, diese entzückende Pelzmütze kleidet Sie außerordentlich gut.'"

Der Affe Schlevian staunte noch mehr, und da der Affe Kukuk nicht aufhörte auf und ab zu flanieren, ging er hinter ihm her, machte eine Wendung, wenn dieser eine machte, und stellte eine Frage nach der anderen.

„Woher hast du diese Mütze?"

„Kurz nach dem Nusshändler kam noch ein Pelzhändler", log der Affe Kukuk. „Du bist leider so schnell weggegangen, sonst hätte ich dir Bescheid gesagt. Ich bin heimlich hinter ihm hergeschlichen und habe die schönste seiner Pelzmützen mitgenommen."

„Du meinst: gestohlen", verbesserte Schlevian.

„Gestohlen ist kein feines Wort!", sagte Kukuk und verzog das Gesicht. „Jedenfalls passt sie mir so gut, als wäre sie eigens für mich angefertigt."

„Darf ich …", begann Schlevian und schluckte, „darf ich sie bitte vielleicht einmal einen Augenblick aufprobieren?"

„Bedaure, nein!", erwiderte Kukuk und strich mit einer anmutigen Geste den Eichhörnchenschweif aus seinem Gesicht. „Derart wertvolle Mützen soll man nicht aus der Hand beziehungsweise nicht vom Kopf geben!"

„Und wenn ich dir die Mütze abkaufe?"

„Mir sie abkaufen!", lächelte Kukuk mitleidig. „Womit wolltest du denn diese teure Mütze bezahlen?"

„Ich könnte dir ja die Nüsse dafür geben!"

„Die Nüsse?", fragte Kukuk und blieb stehen.

Der Affe Schlevian nickte heftig mit dem Kopf.

„Die Nüsse?", wiederholte Kukuk nochmals und tat, als müsse er überlegen. „Ach nein. Die Nüsse sind lange nicht so viel wert wie eine echte Pelzkappe!" Und er stelzte wieder auf und ab wie vorher.

Da bot der Affe Schlevian seine ganzen Überredungskünste auf, sprach mit ganz hoher, zuckersüßer Stimme, bettelte und bat, bis der Affe Kukuk schließlich sagte: „Eigentlich betrüge ich mich selbst bei diesem Verkauf! Aber weil ich dich so gut leiden kann, weil ich so ein weiches Herz habe und auch weil mir deine Bettelei so auf die Nerven geht, will ich eine Ausnahme machen. Gib mir die Nüsse, dann sollst du die Mütze meinetwegen haben!"

Schlevian rannte und schleppte den Nusssack herbei.

Kukuk stellte ihn auf den Baumstamm, nahm das Eichhörnchen von seinem Kopf, setzte es dem Affen Schlevian schnell auf den Schädel, sprang dann auf sein Schiff, ruderte eilig in die Mitte des Sees, öffnete den Nusssack und begann genüsslich, die Nüsse aufzubeißen und die Kerne zu essen.

Der Affe Schlevian marschierte am Ufer stolz auf und ab, wie er es von dem Affen Kukuk gesehen hatte. Als er aber unter einem Baum durchging, dessen Äste tief herabhingen, machte das Eichhörnchen, das sich in der Zwischenzeit von seinem Schreck erholt hatte, einen Satz, landete auf dem Ast und verschwand schnell im Gezweig.

Schlevian, der davon nichts gemerkt hatte, ging weiter mit steifem Hals auf und ab, streckte den Kopf in die Höhe und machte die gekonntesten Wendungen, ganz wie vorher der andere – nur mit dem Unterschied, dass sein Kopf dabei unbedeckt war. Er wurde durch Kukuks Gelächter dabei gestört. Er blieb stehen und fragte: „Was gibt es zu lachen?"

Kukuk saß auf seinem Stamm, hielt sich den Bauch – so musste er prusten – und rief: „Warum stolzierst du eigentlich auf und ab wie ein Zirkuspferd und wiegst dich in den Hüften?"

„Blöde Frage!", erwiderte Schlevian ärgerlich. „Siehst du nicht die Pelzmütze, die ich auf dem Kopf trage?"

„Was für eine Pelzmütze?"

„Eine sehr elegante jedenfalls! Echt russisches Modell!"

„Wirklich sehr elegant", höhnte der Affe Kukuk vom See her. „So elegant, dass man sie vor lauter Eleganz überhaupt nicht sehen kann!"

„Wozu der Neid einen Affen doch zuweilen treibt!", sagte Schlevian mitleidig und wollte seine Mütze noch besser zurechtrücken. Aber er fand sie nicht auf seinem Kopf, so lange er auch darauf herumtastete. Er rannte zum See und spiegelte sich im Wasser. Die Mütze war weg.

Und es half ihm nichts, dass er den ganzen Strand absuchte und hinter jeden Stein guckte, die Mütze blieb verschwunden. Zornig rannte er ans Ufer und schrie zum Affen Kukuk hinüber: „He, du! Gib mir meine Nüsse zurück!"

„Welche Nüsse?", fragte Kukuk freundlich, spuckte die Nussschalen aus, die er gerade im Mund hatte, nahm den Kern in die Hand und betrachtete ihn von allen Seiten.

„Frag nicht so dumm!", rief Schlevian wütend. „Natürlich meine ich die Nüsse, die du vor dir stehen hast!"

„Und warum sollen das deine Nüsse sein?", fragte Kukuk zurück, beroch eine Nuss, die er gerade in der Hand hatte, schleuderte sie dann ins Wasser und langte nach einer neuen.

„Weil ich sie dir für eine Pelzmütze gegeben habe und jetzt keine Mütze mehr habe. Also muss ich die Nüsse zurückbekommen!"

„Du hättest besser auf sie aufpassen müssen, dann hättest du sie nicht verloren“, sagte der Affe Kukuk und kaute an einer neuen Nuss. „Und außerdem ist es nur recht und billig, dass ich auch die Hälfte der Nüsse bekomme. Oder nicht?“

„Doch“, musste der Affe Schlevian kleinlaut zugeben.

„Na also“, schmatzte Kukuk undeutlich mit vollem Mund und vertiefte sich wieder in seinen Nusssack.

Und erst als er die letzte Nuss aufgegessen hatte, ruderte er an Land und sagte zum Affen Schlevian, der immer noch ein bisschen wütend war: „Komm jetzt mit!“ Und dann gingen sie zusammen nach Hause.

Der Löwe hatte während der ganzen Geschichte gebannt zugehört und keine einzige Frage gestellt. Als sie zu Ende war, sagte er begeistert:

„Eine feine Geschichte! Eine bessere habe ich noch nie gehört. Und lustig dazu: Wie sie dem Nusshändler dann schließlich doch den Sack ablisten, wie sie sich gegenseitig auch noch an der Nase herumführen und wie…“

„Du brauchst mir meine Geschichte nicht noch einmal zu erzählen“, unterbrach ihn der Hund von oben herab. „Ich kenne sie nämlich bereits!“

„Wenn die Geschichten alle so schön sind, dann möchte ich bitte gleich eine zweite hören“, bettelte der Löwe. „Ich würde dich dafür sogar in den Schinken beißen lassen!“

„Danke, aber im Augenblick bin ich satt. Wie wäre

es, wenn zur Abwechslung du jetzt eine Geschichte erzähltest?“

„Das kann ich schon“, sagte der Löwe zögernd, „ich muss aber zugeben, dass ich lieber Geschichten höre als erzähle. Deswegen musst du mir fest versprechen, dass ich anschließend eine von deinen hören darf!“

„Das darfst du“, versprach der Hund und der Löwe begann:

„Die Geschichte, die ich dir erzählen werde, heißt ‚Hänsel und Gretel‘!“

„Hänsel und Gretel?“, fragte der Hund. „Die Geschichte kenne ich schon lange.“

„Das ist aber die einzige, die ich weiß“, entgegnete der Löwe kleinlaut. „Die Geschichte vom bösen Hänsel, von der bösen Gretel und von der Hexe.“

„Du wolltest sagen: Die Geschichte von Hänsel, Gretel und der bösen Hexe!“, verbesserte ihn der Hund.

„Wieso ‚der bösen Hexe‘?“, fragte der Löwe erstaunt. „Die Hexe war doch eine brave Frau, böse waren ja wohl die Kinder!“

„Dann meine ich vielleicht eine andere Geschichte“, stellte der Hund fest. „Du kannst deine Geschichte also doch erzählen. Woher kennst du sie denn?“ „Im Wald traf ich einmal eine kleine Hexe, die hat sie mir erzählt“, sagte der Löwe und begann:

Zweites Kapitel

Die Geschichte vom bösen Hänsel, der bösen Gretel und der Hexe

Es war einmal eine alte Hexe, die hatte ihr ganzes Leben lang gearbeitet, hatte gezaubert vom frühen Morgen bis zum späten Abend, hatte gehext und Zaubersprüche aufgesagt jeden Tag und war nun in das Alter gekommen, wo ihre Zauberkraft nachließ und ihre Kräfte langsam schwanden.

Sie wurde aber nicht böse und giftig darüber wie manche andere Hexen, wenn sie so alt werden, sondern sagte sich: „Mit meiner Zauberkraft geht es zu Ende. Da will ich mir eine andere Beschäftigung suchen, damit ich nicht faulenzen muss und auf trübe Gedanken komme. Ich werde mein Haus zum schönsten Hexenhaus weit und breit machen!"

Und schon am nächsten Tag begann sie ihr Häuschen aufs Wunderlichste zu schmücken. Auf die Dachziegel legte sie Lebkuchen, die Wände verkleidete sie mit Brot und Kuchen, verziert mit Mandeln und Nüssen, ihre Glasfenster hängte sie aus und hängte neue ein, ganz aus weißem Zucker.

Das dauerte viele Wochen; jeden Tag musste die alte

Frau in der Küche stehen und backen. Aber sie arbeitete unermüdlich und endlich war das Häuschen fertig.

Da war die Hexe stolz auf ihr Haus! Jeden Abend saß sie auf der Bank neben der Haustür, betrachtete die bunten Mauern, hexte mit ihrer versiegenden Zauberkraft mühsam noch einen roten Zuckerguss auf einen Kuchen oder verzierte einen Lebkuchen mit einer Nuss, wischte überall Staub und rieb dann die neuen Zuckerscheiben glänzend. Und wenn irgendein Tier an ihrem Haus vorbeikam, staunend stehen blieb und schließlich sagte: „So ein schönes Haus habe ich noch nie gesehen", wurde sie grün vor Stolz.

Eines Tages stand die Hexe gerade vor ihrem Backofen und wollte einen Lebkuchen backen, weil der Wind in der Nacht einen vom Dach geweht hatte. Da war es ihr, als knuspere draußen jemand an ihrem schönen Haus und breche ganze Stücke ab. Ängstlich rief sie:

„Knusper, knusper, knäuschen,
Wer knuspert an meinem Häuschen?"

Von draußen antwortete ein dünnes Stimmchen:

„Der Wind, der Wind,
Das himmlische Kind!"

„Da bin ich beruhigt", seufzte die Hexe erleichtert. „Es ist nur der Wind, der da draußen lärmt. Und ich hatte schon Angst, jemand wolle mein Häuschen zerstören."

Wie sie das gerade sagte, zersprang ihre schöne Fensterscheibe, an der sie drei Wochen gearbeitet hatte, ein Mädchen griff nach den Splittern und aß sie auf! Mühsam humpelte die Hexe nach draußen um zu sehen, wer der Störenfried sei.

Vor dem Haus standen zwei Kinder, das Mädchen und außerdem ein Junge, rissen die Dachziegel herunter, um sie aufzuessen, zerbrachen die Wand und zersplitterten die weißen Zuckerfenster.

Da war die Hexe traurig und wütend zugleich.

„Wer seid ihr?", fragte sie. „Und warum zerstört ihr mein liebes Haus, an dem ich so lange gebaut habe?"

Die Kinder antworteten, sie hießen Hänsel und Gretel und hätten aus Hunger von dem Haus gegessen.

„Warum habt ihr aber gelogen und gesagt, ihr wäret der Wind?", forschte die Alte weiter. „Hättet ihr an meine Tür geklopft und um Essen gebeten, so hätte ich es euch nicht verwehrt!"

Da blickten die beiden Kinder beschämt zu Boden.

Aber weil sie der alten Hexe trotz allem Leid taten, sagte sie: „Kommt nur herein und bleibt bei mir, es geschieht euch kein Leid!" Und sie fasste beide an der Hand und führte sie in ihr Häuschen. Da ward gutes Essen aufgetragen, Milch und Pfannkuchen mit Zucker und Äpfel und Nüsse. Hernach wurden zwei schöne Bettlein weiß gedeckt und Hänsel und Gretel legten sich hinein und meinten, sie wären im Himmel. Als sie so friedlich schliefen, betrachtete die Hexe sie und sagte: „Sie waren sehr böse zu mir, haben gelogen und mein schönes Häuslein zerstört. Aber vielleicht sind sie nicht ganz verderbt. Ich will sie dabehalten, ihnen zu essen geben und versuchen, sie zu bessern."

Am nächsten Morgen gab sie den beiden eine leichte Arbeit zu tun und rührte dann einen Teig an, denn sie wollte den Schaden an ihrem Haus wieder ausbessern. Aber Hänsel, der naschhaft war und dem die süßen Lebkuchen auf dem Dach besser schienen als das Frühstück auf dem Tisch, ging hinaus und begann leise vom Haus zu essen.

Als das die Hexe merkte, wurde sie sehr zornig.

„Ich habe dich nicht bestraft für deine Lügen und deine bösen Taten von gestern, sondern dir und deiner Schwester sogar zu essen und ein Bett zum Schlafen gegeben!“, schalt sie. „Und du ungezogenes Kind lohnst es mir, indem du den Schaden an meinem Haus noch ärger machst!“

Und zur Strafe und damit er nicht noch mehr Unheil anrichten konnte, sperrte sie ihn in einen Stall neben dem Haus.

Damit er es aber gut hatte in seinem Gefängnis und nicht zu hungern brauchte, fragte sie ihn oft durch das Gitter:

„Bist du auch satt, bekommst du genügend zu essen? Streck deinen Finger heraus!"

Hänsel hatte sehr viel zu essen bekommen, aber da er sehr gefräßig war, täuschte er die alte Frau, die schon nicht mehr richtig sehen konnte, durch eine arge List, um noch mehr zu erhalten: Er streckte ein abgenagtes Knöchlein durch das Gitter und sagte mit kläglicher Stimme:

„Meine Schwester gibt mir zu wenig Mahlzeiten, ich bin schon ganz mager."

Die Alte betastete das Knöchlein und sagte: „Fürwahr, er ist ganz mager! Gretel, er muss mehr zu essen bekommen!"

Die Gretel aber, die ein faules Mädchen war, maulte und sagte, sie könne nicht kochen.

„Dann musst du eben backen!", rief die Hexe und heizte den Backofen an, um für den Hänsel eigens ein großes Brot zu backen. Als sie aber das Feuer angeschürt hatte und gerade nachsehen wollte, ob recht eingeheizt sei, da gab ihr die arglistige Gretel von hinten einen Stoß, dass die Hexe weit hineinfuhr, machte die eiserne Tür zu, schob den Riegel vor und die arme Alte musste elendiglich verbrennen.

Dann befreite das böse Mädchen ihren Hänsel aus dem Stall, wo er seine Strafe absitzen sollte, und sie durchwühlten gemeinsam das ganze Hexenhaus.

In einer Ecke hatte die Hexe eine Kiste mit Perlen und Edelsteinen stehen, die ein Erbstück von ihrem

Vater war, einem großen Hexenmeister. Die raubten die beiden Kinder, stopften sich die Taschen voll mit Schmuck und Geschmeide und liefen schnell aus dem Wald.

„Und weißt du, was sie hinterher den Leuten erzählten?“, fragte der Löwe den Hund.

„Was denn?“, fragte der mit großen Augen.

„Sie haben doch wahrhaftig behauptet, die Hexe hätte sie aufessen wollen! Diese bösen Kinder!“

„Ich muss sagen“, entgegnete der Hund, „ich habe die Geschichte nicht so erzählt bekommen. Da hörte sich alles ganz anders an, obwohl eigentlich das Gleiche geschah!“

„Aha!“, machte der Löwe. „Da sieht man es wieder: Die Leute glauben viel lieber die Unwahrheit als die Wahrheit und erzählen dann ohne schlechtes Gewissen die Lügengeschichten weiter! Denn die Geschichte hat sich so zugetragen, wie ich sie dir mitgeteilt habe, das weiß ich von jener Hexe, die sie mir anvertraut hat.“

„Wenn das so ist“, überlegte der Hund, „dann möchte ich gerne einmal ‚Rotkäppchen‘ von einem Wolf erzählt bekommen!“

„Aber da wir im Augenblick keinen Wolf bei der Hand haben“, sagte der Löwe überleitend, „ist es wohl besser, wenn *du* die nächste Geschichte erzählst.“

Und der Hund wandte dem Löwen seine linke Seite zu, damit er sich eine aussuchen konnte.

Der kramte aber erst lange in seiner Aktentasche, holte von ganz unten eine Brille heraus, blickte sich vorsichtig um, ob keiner zusähe außer dem Hund, und setzte sie dann auf die Nase.

„Vielleicht sind meine Augen wirklich nicht mehr so gut“, gab er dabei zu. „Aber ich möchte nicht, dass man mich mit der Brille sieht. Das schickt sich nicht für einen König der Tiere.“ Und er betrachtete sehr aufmerksam die Bilder.

„Aber da ist ja doch eine Katze!“, rief er dann triumphierend und deutete auf die Stelle.

„Ja, das stimmt“, erwiderte der Hund. „Ein Kater, genauer gesagt. Er heißt Traugott und ist deswegen eine Ausnahme, weil er Bürgermeister wurde. Er ist hier in seiner Eigenschaft als Bürgermeister eintätowiert, nicht als Katze. Sonst hätte ich das Bild längst zugeklebt. Du musst deswegen also sagen: Aber hier ist ja ein Bürgermeister!, und nicht: Aber hier ist ja eine Katze!“

„Ein Kater, der Bürgermeister wurde! Die Geschichte ist bestimmt sehr schön. Die möchte ich hören. Bitte, erzähle die Geschichte vom Kater. – Vom Bürgermeister!“, verbesserte er sich, als er das Stirnrunzeln des Hundes bemerkte, setzte seine Brille wieder ab und verstaute sie auf dem Grund der Aktentasche. Er brauchte sie nicht mehr, denn nun erzählte der tätowierte Hund:

Drittes Kapitel

Wie der Kater Traugott
Bürgermeister wurde

Eine Katzenmutter hatte zwei Katzensöhne. Der eine hieß Traugott, der andere hieß Raff.

Traugott hatte ein rotes Fell mit dunklen Streifen, Raff ein einfarbiges graues. Traugott war dick und langsam, Raff war schlank und flink.

Der behäbige Traugott war sanft und freundlich, lag den ganzen Tag auf der Wiese und ließ sich von der Sonne bescheinen. Dabei leuchteten seine Haare wie Kupfer. Am Tag schlief er, in der Nacht schlief er sowieso, und wenn es nicht gerade zum Essen ging, lag er immer irgendwo und ruhte sich aus. Fast könnte man sagen, er war ein bisschen faul.

Seinen Bruder Raff sah man selten schlafen. Selbst in der Nacht schlich er umher und machte Jagd auf Mäuse. Kein Vogelnest war vor ihm sicher, und wenn er nicht gerade jagte, dann saß er bestimmt irgendwo und schärfte mit einer Feile seine Krallen.

Als sie noch jung waren, ließ sie die alte Katze gewähren, jeder konnte seiner eigenen Wege gehen und tun und lassen, was ihm Spaß machte.

Aber eines Tages meinte die Katze, dass es jetzt an der Zeit sei, die beiden zu erziehen.

„Ihr seid alt genug. Ihr müsst nun lernen, was eine richtige Katze können muss!“, sagte sie und fing an die beiden zu unterrichten.

Raff lernte alles sehr schnell. Das Mäusefangen brauchte man ihm nicht mehr beizubringen und das Immer-auf-die-Füße-Fallen hatte er rasch begriffen. Und bald wusste er auch, wie man blitzschnell auf einen Baum springt, wenn ein Hund kommt. Traugott dagegen fiel schon beim ersten Kletterversuch auf den Rücken und fasste nie eine Maus, weil alle schneller waren als er.

Seine Mutter schimpfte ihn, weil er sich so ungeschickt anstellte. Da drehte er sich einfach um, legte sich mitten in die große Wiese und schlief beleidigt ein.

Die zornige Katzenmutter beschäftigte sich von nun an nur noch mit Raff.

„Du wirst schon sehen, wo du endest mit deiner Faulheit“, sagte sie zu Traugott. „Du solltest dir deinen Bruder Raff zum Vorbild nehmen!“

Der konnte bald klettern und Mäuse fangen wie kein Zweiter, alle Vögel hatten Angst vor ihm und alle Nachbarn sagten: „Aus dem Jungen wird bestimmt mal was Rechtes!“

Traugott aber lag Tag für Tag auf der Wiese und schlief. Kam einmal eine Maus oder ein Vogel in seine Nähe, dann öffnete er höchstens ein Auge um zu sehen, wer da sei. Dann schlief er weiter. (Und damit er nicht ein Auge überanstrengte, öffnete er immer abwechselnd das eine und das andere Auge, nie zweimal hintereinander dasselbe.)

Bei den Vögeln hatte es sich schnell herumgesprochen, dass Traugott ein besonders friedfertiger Kater war, und einige mutige, die ihrer Freundin zeigen wollten, wie wenig Furcht sie in Wirklichkeit vor Katzen hatten, wagten sich sogar ganz nahe an ihn heran. Und als sie merkten, dass er ihnen wirklich nichts tat, kamen Vögel von weit her gereist, um ihren Kindern und Enkelkindern einen richtigen, lebenden Kater ganz aus der Nähe zu zeigen.

Das ging so eine ganze Weile, bis eines Morgens die Katzenmutter ihre beiden Söhne zu sich rief.

„Ich glaube, ihr seid jetzt alt genug, um selbst für euch sorgen zu können“, sagte sie. „Ihr seid erwachsen, ich kann mich nicht mein ganzes Leben lang um euch kümmern. Es ist an der Zeit, dass ihr in die Stadt geht und eine Stellung als Mäusefänger annehmt!“

Damit schickte sie die beiden auf den Weg.

Raff schärfte noch einmal hastig seine Krallen, wischte seinen Schnurrbart und schon war er hinter der nächsten Wegbiegung verschwunden.

Traugott hatte es nicht so eilig. Er ging langsam, ruhte sich oft aus und bald war er so müde, dass er sich in eine Wiese legte, um erst einmal zu schlafen.

Zufällig kamen zwei Hunde aus der nahen Stadt an dieser Wiese vorbei. Als sie die schlafende Katze entdeckten, rannten sie bellend und kläffend auf sie zu.

Traugott öffnete nur ein Auge (das rechte war gerade an der Reihe), warf einen gelangweilten Blick auf die beiden Hunde und schlief weiter.

Als das die beiden Hunde sahen, rannten sie langsamer und blieben schließlich verblüfft stehen. Alle Katzen waren vor ihnen davongerannt, wenn sie bellend auf sie zurannten, so gehörte es sich auch, so waren sie es gewohnt und sie wussten gar nicht, was sie jetzt tun sollten.

Probeweise bellten sie noch einmal die Katze an, diesmal aber schon etwas leiser. Und als die wieder nur ein Auge öffnete (diesmal war es das linke) und missmutig die beiden Ruhestörer anschaute, da schwiegen die erschrocken still und zogen sich ganz langsam und sehr leise hinter einen Busch zurück um zu beraten.

„Das war eine seltsame Katze“, flüsterte der eine. „Die rannte nicht weg, die blieb einfach sitzen!“

„Das war vielleicht gar keine richtige Katze“, flüsterte der andere zurück. „Die war so groß, bestimmt war das ein Luchs oder so etwas Ähnliches!“

„Das stimmt“, gab der erste zu. „Wenn ich es recht bedenke, war sie sogar größer als ein Luchs. Das war ein Tiger!“

„Ein Tiger?“, fragte der andere mit zitternder Stimme.

„Ganz bestimmt. Ein Tiger!“

Und sie beschlossen, schnell in die Stadt zurückzukehren und den gelehrten Hundeprofessor um Rat zu bitten.

Der hörte sie erst aufmerksam an, holte dann ein dickes Buch, blätterte lange und las schließlich vor:

„Der Tiger: Der Tiger ist eine große Katzenart.“

„Stimmt!“, riefen die beiden. „Es war eine große Katze!“ (Und damit hatten sie nicht einmal gelogen, denn Traugott war wirklich sehr dick.)

„Der Tiger hat Streifen auf dem Rücken“, las der Professor weiter.

„Stimmt“, riefen die beiden, „– hat Streifen auf dem Rücken!“

„Der Tiger ist das stärkste und gefährlichste aller Tiere.“

„Auch das stimmt!“, riefen die zwei. „Er ist so stark, dass er nicht einmal vor *Hunden* Angst hat!“

Da klappte der Professor das Buch zu, schaute sie durch seine Brillengläser feierlich an und sagte:

„Ergo können wir als bewiesen annehmen, dass es

sich bei selbigem Lebewesen um ein Exemplar oben genannter Gattung gehandelt haben muss."

Die beiden Hunde schauten ihn fragend an, und da er merkte, dass sie kein Wort verstanden hatten, übersetzte er ihnen seinen Satz in einfache, ungelehrte Sprache und sagte:

„Also war das wirklich ein Tiger!"

Sehr schnell hatte es sich herumgesprochen, dass ein richtiger Tiger draußen vor der Stadt lag. Und da es selten vorkam, dass sich ein solches Tier vor der Stadt ausruhte, waren alle Bewohner sehr aufgeregt und berieten, was sie tun könnten.

„Als Tiger ist er eine sehr hoch gestellte Persönlichkeit", sagten alle. „Man muss ihn mit den nötigen Ehren empfangen, wenn er in die Stadt kommt."

Und sie fragten den Hundeprofessor, wie man einen Tiger empfängt. Der schaute in allen seinen Büchern nach, fand aber nichts darüber geschrieben. Darauf dachte er selber nach und sagte nach einer Weile:

„Am besten, der Bürgermeister begrüßt ihn auf der Wiese und führt ihn dann in die Stadt!“

Da jubelten alle, denn das war eine ausgezeichnete Idee. Leider hielt der Jubel nicht lange an, weil es sich herausstellte, dass es in der Stadt keinen Bürgermeister gab. Man hatte in diesem Jahr vergessen, einen zu wählen.

Der Hundeprofessor musste sehr, sehr lange nachdenken. Endlich, nachdem seine Stirn schon ganz tiefe Falten bekommen hatte, sagte er:

„Am besten, wir fragen den Tiger, ob *er* vielleicht in der Stadt bleiben und Bürgermeister werden will!“

Da setzten die Stadträte schwarze Zylinder auf, alle zogen hinaus auf die Wiese und eine Schulklasse sang: „Wer hat dich, du schöner Wald ...“ (Das hatten sie gerade in der Schule gelernt.)

Dann trat ein Stadtrat vor Traugott hin, nahm seinen Zylinder ab und fragte ihn, ob er Bürgermeister werden wolle.

Der war durch die Musik aufgewacht, hatte das rechte Auge ein wenig geöffnet und vor sich eine Menge singender Kinder entdeckt.

Da war er sehr gerührt und sagte, was alle Katzen sagen, wenn sie gerührt sind, nämlich: Miau.

Aber er war zu müde das Wort ganz auszusprechen, vielleicht war er auch während des Sprechens eingeschlafen, und so sagte er nur:

„Mia...“

Als die Stadträte das hörten, fielen sie einander vor Freude um den Hals, warfen die Zylinder in die Luft, fingen sie wieder auf und riefen dabei: „Er hat ‚ja‘

gesagt! Er hat ‚ja' gesagt! Hoch lebe unser Bürgermeister!"

Darauf hoben sie ihn unter Jubel- und Hochrufen in eine Sänfte und trugen ihn im Triumphzug in die Stadt.

Während dies alles geschah, war sein Bruder Raff gewandert. In seiner Ungeduld hatte er den falschen Weg eingeschlagen, der an der Stadt vorbeiführt, und war lange Zeit umhergeirrt, weil er nicht glauben wollte, dass er sich verlaufen hatte. Schließlich wurde er wütend und eilte, ohne sich auszuruhen, die ganze Strecke wieder zurück.

Als er in die Nähe der Stadt kam, begegneten ihm bei einer großen Wiese zufällig zwei Hunde, ein großer und ein kleiner Kläffer, die bellend auf ihn zustürzten.

Da rannte er flugs zum nächsten Baum, wie er es gelernt hatte, und kletterte flink hinauf. Die beiden

Hunde rannten bellend und kläffend hinterher und blieben unter dem Baum sitzen. Und wenn sie nicht inzwischen Hunger bekommen haben oder Langeweile und weggegangen sind, dann sitzt Raff noch immer oben auf dem Baum.

Traugott aber liegt im Rathaus auf einem weichen Kissen aus rotem Samt mit goldenen Bommeln – und schläft.

Ab und zu öffnet er das eine Auge, lächelt ein wenig und sagt halblaut: „Mia…“

Dann ist er auch schon wieder eingeschlafen.

„Die Geschichte hat mir zwar gefallen“, sagte der Löwe, als der Hund seine Erzählung beendet hatte, „aber der Hundeprofessor war meiner Meinung nach sehr dumm!“

„Du meinst, weil er einen Kater mit einem Tiger verwechselte?“, erkundigte sich der Hund.

„Nein, das kommt öfter vor“, meinte der Löwe.

„Und warum dann?“, fragte der Hund.

„Weil er vorgelesen hat, dass der Tiger das stärkste und gefährlichste Tier sei“, sagte der Löwe gekränkt.

„Vielleicht war es ein Druckfehler“, tröstete ihn der Hund.

„Wenn das so war“, sagte der Löwe erleichtert, „dann hat mir die Geschichte sogar sehr gut gefallen. Aber trotzdem möchte ich jetzt wieder eine vom Affen Schlevian und vom Affen Kukuk hören, die gefallen mir am besten.“

„Dann musst du vielleicht die hier wählen“, entgegnete der tätowierte Hund und wedelte mit dem rechten Ohr.

Der Löwe betrachtete das Ohr und meinte: „Aber das ist doch ein Frosch, das sehe ich ohne Brille!“

„Ganz recht, ein Frosch!“, sagte der Hund. „Weil er in der Geschichte ebenfalls vorkommt.“

„Und die Affen Kukuk und Schlevian sind auch wirklich dabei?“, erkundigte sich der Löwe misstrauisch.

„Du wirst es gleich hören“, sagte der Hund und fing an: „Eines Tages fanden der Affe Kukuk…“

„… und der Affe Schlevian …“, ergänzte der Löwe glücklich.

„… eine Tafel Schokolade.“

„Wo denn?“, unterbrach der Löwe interessiert.

„Auf der Erde“, sagte der Hund. „Und wenn ich noch ein einziges Mal unterbrochen werde, soll ein anderer die Geschichte zu Ende erzählen!“

„Wer denn?“, wollte der Löwe fragen, besann sich gerade noch rechtzeitig und unterbrach durch keine einzige Frage mehr die Geschichte:

Viertes Kapitel

Wie der Affe Kukuk und der Affe Schlevian untereinander einen Dichterwettstreit austrugen

Eines Tages fanden Schlevian und Kukuk eine Tafel Schokolade und stritten miteinander, weil sie sich nicht einigen konnten, wie sie unter ihnen aufzuteilen sei.

„Die Tafel gehört mir, weil ich sie aufgehoben habe“, sagte Kukuk und fügte gnädig hinzu: „Aber du bekommst ein kleines Stück davon ab.“

„Die Tafel gehört mir, weil ich sie zuerst gesehen habe“, sagte Schlevian und fügte hinzu: „Natürlich wirst du ein kleines Stück davon bekommen.“

„Wenn einem all das gehörte, was man zuerst sieht“, widersprach Kukuk, „so hätte ich schon ein Flugzeug. Denn als einmal ein Flugzeug über unseren Urwald flog, habe ich es eher gesehen als du! Habe ich aber ein Flugzeug?“

„Nein“, musste Schlevian zugeben.

„Also gehört die Tafel nicht dem, der sie zuerst sah, sondern mir, weil ich sie aufhob!“

„Aber wenn ich dir die Schokolade nicht gezeigt hätte, wärst du vorbeigegangen, ohne sie aufzuheben!“, widersetzte sich Schlevian.

Das schien dem anderen einzuleuchten und beide dachten nach, wie diese Frage zu lösen sei. Schließlich meinte der eine langsam:

„Wenn wir sie genau in der Mitte auseinander brächen, dann hätte jeder die Hälfte!"

Aber der andere war gar nicht damit einverstanden: „Schokolade schmeckt erst dann richtig gut, wenn man mehr als die Hälfte isst! Lieber keine Schokolade als nur die Hälfte!"

Da blieb ihnen nichts weiter übrig, als zu schweigen und weiter nachzudenken.

So traf sie ein Frosch, der gerade aus dem Wasser gestiegen war, um seinen Badeanzug an der Sonne zu trocknen.

„Warum sitzt ihr da wie Holzaffen und starrt Löcher in die leere Luft?", fragte er ganz erstaunt, denn er hatte sie anders in Erinnerung.

Schlevian machte: „Psst, psst!", winkte ab und deutete mit dem Zeigefinger an die Stirn um zu zeigen, dass er nachdachte und nicht gestört werden durfte; Kukuk machte: „Scht, scht!", und legte den Zeigefinger senkrecht an die Lippen, was heißen sollte: Ruhe, hier wird gedacht! Aber da der Frosch weder das eine noch das andere zu verstehen schien und sie nur noch verwunderter betrachtete, erklärten sie ihm ihr Problem.

„Aber das ist doch einfach!", meinte er dazu. „Ihr müsst einen Wettkampf machen und der Sieger bekommt die Schokolade als Preis."

„Fein", rief der Affe Kukuk, „wir werden Kugelstoßen machen!" Denn er stieß die Kugel 6,27 m weit, was für einen Affen sehr viel ist.

„Fein“, rief der Affe Schlevian, „wir werden Hochsprung machen!“ Denn in der Schule war er Hochsprungmeister gewesen.

„Nichts da!“, rief der Frosch. „Wir werden ein Wettdichten veranstalten. Wer das beste Gedicht macht, bekommt den Preis!“

„Und wer entscheidet, welches Gedicht besser ist?“

„Natürlich ich“, sagte der Frosch und drehte seinen Badeanzug zu einer Wurst zusammen, damit das Wasser herauslief. „Du wirst anfangen!“, bestimmte er dann und deutete auf den Affen Kukuk.

Die Affen dachten angestrengt nach, stopften sich die Finger in die Ohren, schlossen den Mund und machten die Augen zu – das ist nämlich die Denkstellung der Affen.

Während dieser Zeit schnüffelte der Frosch erst an der Schokolade herum, leckte dann ein wenig daran, brach sich heimlich ein Stück davon ab und schob es in sein breites Maul. Das machte er mehrere Male so, bis der Affe Kukuk seine Finger aus den Ohren nahm und sagte: „Ich bin bereit, es kann losgehen!“

Sie stießen den Affen Schlevian (der das nicht gehört hatte, weil er ja nachdachte) in die Seite, darauf nahm auch er die Finger aus den Ohren und machte ein erwartungsvolles Gesicht.

Der Affe Kukuk stellte sich auf einen Stein, damit man ihn besser sehen konnte, und begann:

„Ohne Zweifel hat der Rabe
Eine ganz besondre Gabe!“

„Bravo, bravo!“, schrie der Affe Schlevian begeistert und vergaß ganz, dass der andere sein Gegner war.

„Ist das alles?“, fragte der Frosch.

„Ja, alles“, bestätigte Kukuk stolz und stieg vom Stein.

„Jetzt komme ich!“, rief Schlevian, stellte sich auf den Stein und rezitierte:

„In jedem Affenherz
Da wohnt ein Affenschmerz.“

Der Affe Kukuk wollte gerade bravo rufen, aber der Frosch, der erst höchstens ein Viertel der Schokolade gegessen hatte, fuhr dazwischen.

„Nichts da!“, fuhr er sie an. „Ihr macht euch das viel zu einfach: Ein Gedicht mit nur zwei Zeilen! Ich werde neue Bedingungen festlegen. Das Gedicht muss mindestens doppelt so lang sein und außerdem müssen ein Löwe und eine Möwe darin vorkommen, nicht immer nur alberne Raben und Affen. Und jetzt auf und weiter nachgedacht!“

Da dachten die beiden Affen wieder nach und der Frosch machte sich wieder über die Schokolade her.

Diesmal dauerte es lange, bis der Affe Kukuk seine Finger aus den Ohren nahm, den Affen Schlevian in die Seite boxte, sich auf den Stein stellte und folgendes Gedicht aufsagte:

„Weder Kuckuck
Weder Möwe
Können brüllen
Wie ein Löwe.
Doch versteht der Wüstenkönig
Wiederum vom Fliegen wenig.“

„Trefflich, trefflich!“, rief der Frosch und stopfte sich verstohlen ein Stück Schokolade ins Maul. „Jetzt kommt der andere dran.“

„Nun bin ich an der Reihe“, sagte Schlevian und begann:

„Weder Schlevian
Weder Möwe
Können brüllen
Wie ein Löwe.
Doch versteht der Wüstenkönig
Wiederum vom Fliegen wenig.“

„Trefflich, trefflich!“, rief der Frosch und stopfte sich ein weiteres Stück Schokolade ins Maul. „Aber irgendwie kommt mir das zweite Gedicht bekannt vor! Oder sollte ich mich irren?“

„Ich höre es zum ersten Mal!“, sagte der Affe Kukuk.

„Ich auch!“, bestätigte der Affe Schlevian.

„Dann habe ich mich eben getäuscht“, sagte der Frosch.

„Und wer ist Sieger?“, fragten die beiden.

Der Frosch hob den Kopf zum Himmel, schloss die Augen und blieb ganz still sitzen, als ob er nachdächte. In Wirklichkeit schluckte er nur die Schokolade hinunter, die er noch im Maul hatte. Endlich öffnete er wieder die Augen und sagte zu den erwartungsvollen Affen:

„Keiner ist Sieger, beide waren gleich gut. Es muss einen neuen Wettbewerb geben. Diesmal ist *der* Sieger, in dessen Gedicht die meisten Zahlen vorkommen!"

„Zahlen?", fragten die beiden überrascht.

„Ja, Zahlen. Eins oder zwei oder drei oder vier ..."

„Oder fünf ...", fügte Schlevian hinzu.

„Oder sechs ...", ergänzte Kukuk und nickte verstehend mit dem Kopf.

„Oder sieben oder acht ...", fuhr der Frosch fort.

„Es genügt!", riefen die beiden Dichter. „Wir verstehen!"

„Dann wirst diesmal du anfangen!", sagte der Frosch noch und deutete auf Schlevian.

Die beiden Affen nahmen ihre Denkstellung ein und der Grüne machte sich weiter über die Schokolade her. Diesmal konnte er sich Zeit lassen, denn es dauerte lange, bis der Affe Schlevian den Stein wieder bestieg und folgendes Gedicht vortrug:

„Ein Drei-rad und ein Vier-zylinder
Fahrn acht-sam um die Wette.
Das Ganze spielt im tiefen Winter
Und bei immenser Glätte."

„Trefflich, trefflich!", schrie der Frosch und stopfte sich Schokolade ins Maul. „Ein schönes Gedicht, ein originelles Gedicht!"

„Warte nur ab, das war erst die eine Strophe, nun kommt noch eine zweite“, sagte Schlevian. Dabei fiel sein Blick auf den Frosch und er fragte erstaunt:

„Wie kommt es, dass du während der letzten Viertelstunde so viel dicker geworden bist?“

„Ich weiß nicht“, sagte der Frosch. „Vielleicht bin ich aus lauter Begeisterung über dein Gedicht angeschwollen.“

„Das ist möglich“, bestätigte Schlevian geschmeichelt und begann mit der zweiten Strophe:

„Ein Sieben-schläfer, der dies sieht,
Langweilt sich ohne Zwei-fel,
Wird dieses Treibens sehr bald müd'
Und wünscht die zwei zum Deifel.“

„Wirklich trefflich!“, bestätigte der Frosch. „Und so viele Zahlen!“

„Viele Zahlen?“, fragte der Affe Kukuk. „Da müsst ihr euch erst einmal mein Gedicht anhören:

In einer Ein-bahnstraße,
Da wohnt die Poli-zwei…“

„Gilt nicht!“, unterbrach Schlevian. „Es heißt nicht Polizwei, sondern Polizei!“

„Aber natürlich stimmt das!“, widersprach Kukuk. „Schließlich heißt es ja auch Polizwist und nicht Polizist!“

„Richtig!“, schmatzte der Frosch. „Weitermachen!“

Und der Affe Kukuk begann noch einmal von vorne:

„In einer Ein-bahnstraße,
Da wohnt die Poli-zwei.
Die sieht mit ihrer Nase
So täglich allerlei.“

„Wie kann die Polizei denn mit der Nase sehen!“, rief Schlevian wütend. „Die hört doch – ich wollte sagen: riecht doch mit der Nase!“

„Die Polizei vielleicht“, erwiderte Kukuk hochnäsig. „Aber nicht die Polizwei!“

„Richtig“, sagte der Frosch. „Aber wenn ich dich darauf aufmerksam machen darf: Sehr viele Zahlen kommen in deinem Gedicht nicht vor.“

„Die kommen alle in der zweiten Strophe“, belehrte ihn der Affe Kukuk. „Ich wollte euch erst langsam an die vielen Zahlen gewöhnen. Man soll nichts übertreiben!“

„Da hast du Recht“, gab der Frosch zu. „Man soll nicht unmäßig sein!“ Und schob sich die letzten vier Stücke Schokolade gleich auf einmal ins Maul.

„Es folgt nun die zweite Strophe!“, verkündete der Affe Kukuk, der von alledem nichts gemerkt hatte.

„Natürlich folgt auf die erste die zweite Strophe“, murmelte Schlevian mürrisch. „Oder hat man schon gehört, dass nach der ersten die dritte käme?“

„Vier Fünftel eines Dreiers
Für eine Schokolade …“

Bei dieser Stelle hielt der Affe Kukuk plötzlich inne und auch der Affe Schlevian war bei dem Wort „Schokolade“ aufmerksam geworden. Beide blickten umher und riefen gleichzeitig: „Ja, wo ist denn eigentlich die Schokolade?“

Da schluckte der Frosch alles, was er noch im Maul hatte, so hastig hinunter, dass ihm die Tränen in die aufgequollenen Augen traten, lachte dröhnend, deutete auf seinen dicken Bauch, rief: „Hier!“, und verschwand mit einem großen Plumps im Wasser, wo es am tiefsten war.

Da blieb den beiden Geprellten nichts anderes übrig, als den Dicken vom Ufer aus schrecklich zu beschimpfen, was den aber nur noch mehr erheiterte.

Den ganzen Nachmittag und den halben Abend suchten sie den Boden ab, ob sie vielleicht noch eine Tafel Schokolade fänden, aber sie fanden natürlich keine mehr und trösteten sich schließlich damit, ihrem Onkel, der Coco hieß und schon beim Zirkus gewesen war, eine Kokosnuss zu stehlen und damit Fußball zu spielen.

„Diese Geschichte hat mir wieder sehr gut gefallen!", sagte der Löwe, als sie zu Ende war. „Denn erstens kamen die Affen Schlevian und Kukuk vor und außerdem war das eine Gedicht sehr schön!"

„Ich kann mir schon denken, welches du meinst."

„Ich meine das, in dem es heißt, das kein Tier brüllen kann wie ein Löwe. Wir Löwen sind wirklich die besten Brüller!"

Und vor lauter Begeisterung über sich selbst erhob der Löwe den Kopf und stieß ein solches Gebrüll aus, dass ein Paradiesvogel, der in zwei Meilen Entfernung auf einem Baum saß und sein Federkleid in Falten legte, vor Schreck vom Ast fiel. Der Löwe blickte sich Beifall heischend um. „Sehr anständig gebrüllt!", bestätigte der Hund und nickte anerkennend mit dem Kopf.

Doch gleich zeigten sich die unerwarteten Folgen dieses Gebrülls: Als die Tiere die laute Stimme ihres Königs hörten, glaubten alle, er riefe sie, und eilten schnurstracks zu der kleinen Lichtung, wo der Löwe mit dem Hund gerade saß.

Als Erste trafen sechs Wiesel ein, gleich darauf drei Füchse, drei kleine Äffchen, zwei Rehe und wenig später ein Bär, ein Elefant, ein Nilpferd und ein Sandkäfer. Bald darauf alle anderen Tiere und als Letzte eine Schnecke und eine lahme Ente, die auf dem rechten Fuß hinkte.

Die kleine Lichtung quoll fast über von Besuchern. So dicht standen sie, dass die kleinen Tiere Furcht hatten, von den großen aus Versehen zertreten zu werden.

Der Löwe war verlegen, weil er die vielen Tiere, die nun gekommen waren, gar nicht hatte rufen wollen, aber er war auch stolz, weil er dem tätowierten Hund zeigen konnte, wie brav alle Tiere seinem Ruf folgten.

Er donnerte: „Ruhe!" Und sofort erstarb das Gespräch, alle blickten ihn aufmerksam an.

„Ich habe euch gerufen, weil ich euch einen Gast vor-

stellen will, einen tätowierten Hund, der zufällig in unserem Urwald weilt!“

Alle Tiere blickten auf den tätowierten Hund, der eine artige Verbeugung machte.

„Und nun“, fuhr der Löwe fort, „nachdem ihr ihn alle gesehen habt, könnt ihr wieder dahin gehen, wo ihr hergekommen seid. Auf Wiedersehen!“

„Aber ich habe ihn doch gar nicht gesehen!“, rief der Sandkäfer, der sehr klein war und außerdem noch weit hinten stand.

Er wurde vom Elefanten hochgehoben und durfte ihn auch angucken. Dann drehten sich alle Tiere um, kehrten in den Wald zurück und die Lichtung war wieder so still wie zuvor.

„Jetzt sind wir wieder unter uns und können weiter Geschichten erzählen“, sagte der Löwe und der Hund nickte zustimmend mit dem Kopf.

Nachdem er sich vergewissert hatte, dass auch wirklich alle Untertanen im Wald verschwunden waren, kramte der König in der Aktentasche nach der Brille und setzte sie auf.

„Die Wahl fällt schwer unter so vielen Bildern!“, seufzte er. „Dieses hier sieht ja lustig aus, aber sicher ist die Geschichte sehr klein!“

„Warum?“, fragte der Hund.

„Weil da eine Maus abgebildet ist. Eine Maus ist ein kleines Tier und deshalb ist die Geschichte sicher auch sehr klein!“

„Nein, ganz und gar nicht“, sagte der Hund lachend. „Auch Geschichten von kleinen Tieren können lang sein.“

„Und außerdem ist die Maus nicht klein, sondern sehr groß!“, piepste plötzlich ein dünnes Stimmchen neben ihnen.

Der Löwe nahm erschrocken seine Brille ab, versteckte sie hinter seinem Rücken und blickte sich vergeblich nach dem Zwischenrufer um. Als er sie wieder aufgesetzt hatte, konnte er ihn erkennen: Es war der Sandkäfer, der heimlich dageblieben war und die ganze Zeit neben ihnen gesessen hatte.

„Für dich Zwerglein ist die Maus natürlich ein Riese!“, lachte der Löwe schallend, worauf sich der Sandkäfer beleidigt einen Millimeter höher reckte und auf den Fußspitzen davonging.

„Dabei hat er nicht einmal so Unrecht“, überlegte der Löwe, als der Käfer davongestelzt war. „Für den Affen ist der Elefant groß und die Maus klein. Für die Maus ist der Affe groß und ein Käfer klein. Dem Käfer schließlich erscheint die Maus riesig und ein Floh vielleicht klein. Und sicher gibt es noch ein kleines Tier, für das der Floh ein Riese ist.“

„Und manches erscheint mir schön, was andere hässlich finden“, philosophierte der Hund.

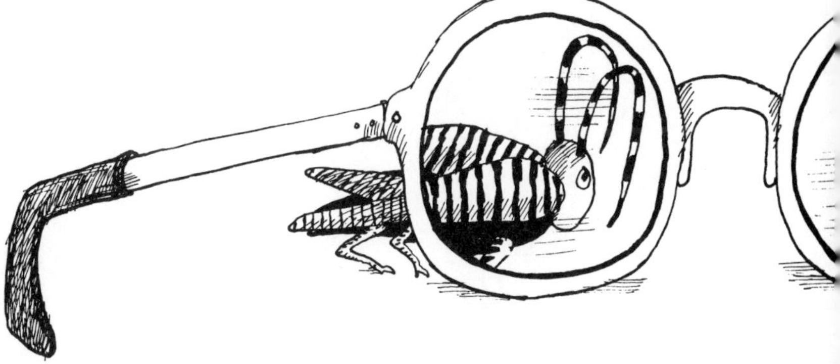

„Du hast Recht“, pflichtete ihm der Löwe bei. „So ging es auch einer Bekannten von mir, der Kuh Gloria!“

„Wie ging es ihr denn, der Kuh namens Gloria?“, fragte der Hund interessiert. „Erzähle doch von ihr!“

„Ihre Geschichte ist nicht sehr lang, aber sie hat den Vorzug, dass sie wahr ist!“

„Willst du damit sagen, dass meine Geschichten nicht wahr sind?“, fragte der Hund und war beleidigt.

„Aber nein!“, sagte der Löwe schnell. „Sie sind genauso wenig erfunden wie die Geschichte, die ich jetzt erzähle. Sie handelt von der Kuh Gloria.“

„Das sagtest du bereits!“, warf der Hund ein.

Aber der Löwe ließ sich dadurch nicht aus der Ruhe bringen und erzählte:

Fünftes Kapitel

Die Geschichte von der Kuh Gloria

Die Kuh Gloria war schon als Kind dicker als alle anderen Kühe. Und das steigerte sich noch, je älter sie wurde. Ihre Lippen waren fleischig, ihre Nase breit, der Kopf war riesig wie ein Kürbis, das heißt eigentlich noch größer und dazu hatte sie sehr starke Beine, einen dicken Bauch, große, borstige Haare und plumpe Füße.

Weil es keine Kleider in ihrer Größe zu kaufen gab, musste sie alles selber nähen und das tat sie ohne guten Geschmack und ohne großes Geschick. Darum sah sie auch in ihren handgeschneiderten Kleidern noch massiger aus, als sie in Wirklichkeit schon war.

Sie hatte einen Gang wie ein Trampeltier, und wenn sie sprach, klang es, als ob man in ein leeres Regenfass brüllte.

Diese Kuh dachte nicht daran, sich zu bescheiden wie alle anderen Kühe ihres Jahrgangs und eine gute Milchkuh zu sein. Nein, sie war ehrgeizig und wollte Künstlerin werden.

Irgendein Spaßvogel, ich nehme an, es war der Fuchs, hatte ihr gesagt, sie habe so eine schöne Stimme, sie solle sich doch als Sängerin ausbilden lassen. Und da sie einen reichen Vater hatte, der alles bezahlte, nahm sie Musikstunden und gab dann auch ein Konzert.

Alle Kühe kamen, um Gloria singen zu hören. Sie sang zuerst das Lied vom Veilchen am Wegesrand und das war auch zugleich das letzte Lied, das sie bei ihrem Konzert sang. Denn wenn ihre Stimme beim Reden klang, als käme sie aus der Regentonne, so klang sie beim Singen, als wenn zwei Elefanten mit dem Rüssel in eine Gießkanne trompeten, während eine Säge gleichzeitig dünnes Blech zerschneidet.

Die Zuhörer hielten sich die Ohren zu, pfiffen, schrien und trampelten, um den fürchterlichen Gesang nicht hören zu müssen, oder rannten scharenweise von der Wiese, wo das Konzert stattfand.

Die Kuh Gloria hörte auf zu singen und begann zu weinen.

Alle Kühe dachten: Jetzt wird sie eine brave Milchkuh werden wie wir! Aber nein – sie nahm Tanzstunden und wollte nun ihr Glück als Tänzerin versuchen!

Als sie zum ersten Mal vor den anderen Kühen tanzte, waren noch mehr gekommen, um Gloria zu sehen, als vorher zu ihrem Konzert.

Sie kam auf die Bühne in einem Tanzröckchen, so groß, das man daraus bequem sieben Tischtücher hätte machen können, stolperte schon beim ersten Schritt und fiel über ihre eigenen Füße.

Die Zuschauerkühe lachten, aber Gloria ließ sich nicht beirren und machte einen Tanzsprung. Dabei brachen die Bühnenbretter unter ihrem Gewicht und sie sank bis an die Arme ein.

Die Zuschauer lachten wieder, aber fünf starke Ochsen stiegen auf die Bühne und halfen ihr aus dem Loch, worauf sie weitertanzte.

Allerdings tanzte sie zu nahe an den Bühnenrand, verlor das Gleichgewicht und stürzte von der Bühne direkt auf die Musiker, die im Orchesterraum saßen und zu ihrem Tanz aufspielten.

Als sie sich mühsam wieder erhob, war die Bassgeige zerbrochen, die Trompete flach gedrückt, das Trommelfell zerplatzt, die Handharmonika war entzweigerissen und den Dirigentenstock hatte der Musikdirektor vor Schreck verschluckt.

Man kann sich denken, wie die Zuschauer lachten, als die Tänzerin hinter dem Vorhang verschwand.

Alle sagten: Nun wird sie ganz bestimmt eine brave Milchkuh werden!

Aber Gloria dachte nicht daran. Sie wanderte einfach ins Nilpferdland aus, zu den dicken Nilpferden. Dort tanzte sie vor den plumpen Tieren und sang dazu ihre Lieder.

Und am nächsten Tag las man in der Nilpferdzeitung:

„Die Künstlerin Gloria, ein zartes, zerbrechliches Persönchen, gab gestern Abend ein Konzert und tanzte dazu.

Noch nie hat man hier so eine reine und helle Stimme bewundern dürfen, noch nie hat man so schönen Gesang gehört. Dazu tanzte oder besser gesagt: schwebte die Künstlerin wie eine Elfe über die Bühne und alle unsere Nilpferdmädchen im Saal waren hingerissen von ihrer Leichtigkeit.

Hoffentlich tanzt und singt die Künstlerin Gloria noch oft bei uns im Nilpferdland!“

„Das war die Geschichte der Kuh Gloria“, schloss der Löwe und fügte hinzu: „Aber nun bist du an der Reihe! Nun kommt deine Geschichte von der Maus. Kommen Schlevian und Kukuk eigentlich auch vor?“

„Der Affe Kukuk nicht, dafür aber wenigstens der Affe Schlevian!“, erwiderte der Hund und erzählte:

Sechstes Kapitel

Wie der Affe Schlevian der Maus Hurtig-Hurtig einen Streich spielte und wie sie es ihm heimzahlte

Der Baum, in dem der Affe Schlevian und der Affe Kukuk wohnten, war einer der größten im ganzen Urwald, wenn nicht der größte überhaupt.

Jedenfalls stand er auf starken Wurzeln, hatte einen dicken Stamm, mächtige Äste und streckte seine Zweige weit von sich. Ganz oben wohnten die kleinen Vögel, eine Etage tiefer die etwas größeren, darunter war eine Eichhörnchenfamilie mit fünf Kindern zu Hause, die immer sehr viel Lärm machte. Und dann erst kamen die schönsten Wohnäste, in denen Schlevian und Kukuk wohnten. Der eigentliche Stamm des Baumes war an einen Specht vermietet und an eine Eule, eine ältere Witwe, die sich ihre Baumspalte sehr gemütlich eingerichtet hatte, sich aber mit dem Specht äußerst schlecht vertrug und fast jeden Tag erzählte, sie werde morgen ausziehen. Und unten zwischen den Wurzeln war noch ein Mauseloch.

Darin wohnte die Maus Hurtig-Hurtig. Sie war sehr hager, sehr lang, ging immer sehr schnell, trug die Haare sehr kurz und war von Beruf Sportlehrerin an einer Mäuse-Mädchen-Mittelschule. Eigentlich hieß sie ja Henriette Mausnick, aber da sie die Gewohnheit hatte, ihre Klasse und manchmal auch (aus Versehen) ihre Mitmäuse zur Eile anzutreiben, indem sie in die Hände klatschte und rief: „Hurtig, Mädchen! Hurtig, hurtig!“, wurde sie bald von allen die „Maus Hurtig-Hurtig“ genannt.

Jeden Morgen um drei viertel sieben verließ sie ihr Mauseloch und ging in die Schule, jeden Nachmittag kam sie um Viertel nach vier zurück. Samstags fegte sie ihr Zimmer aus und sang dabei, sonntags ging sie mit einer Kollegin vor dem Wald spazieren und betrachtete den Sonnenuntergang.

Der Affe Schlevian, der oft stundenlang auf einem Ast saß, Bananen aß und dabei die Gegend betrachtete, kannte alle ihre Lebensgewohnheiten. Ist es verwunderlich, dass er auf die Idee kam, ihr einen Streich zu spielen?

Eines Abends, als die Maus schon im Bett lag und schlief, stieg er von seinem Ast und legte eine dicke Kokosnuss genau auf das Mauseloch.

Als die Maus Hurtig-Hurtig erwachte, herrschte noch tiefste Finsternis.

„Das habe ich erst einmal erlebt, dass ich mitten in der Nacht aufwache“, sagte die Maus und wunderte sich. „Das war in der Nacht vom 11. auf den 12. April vorletzten Jahres.“ Sie drehte sich auf die Seite und war bald wieder eingeschlafen. Nicht lange danach erwachte sie wieder und es war immer noch dunkel.

„Das ist das erste Mal, dass ich ein zweites Mal mitten in der Nacht aufwache“, stellte die Maus noch erstaunter fest.

Erst als sie zum dritten Mal wach wurde und es noch nicht hell war, hielt sie es im Bett nicht länger aus.

„Hurtig, hurtig, aufgestanden!“, befahl sie sich selbst. „Wenn man nicht schlafen kann, ist man nicht müde. Wenn man nicht müde ist, muss man sich Bewegung verschaffen, das macht müde. Ein kleiner Waldlauf kann nicht schaden!“

Sie sprang aus dem Bett, winkelte die Arme an und rannte aus dem Loch. Das heißt, sie wollte aus dem Loch rennen! Denn sie stieß mit dem Kopf an einen harten Widerstand und fiel auf den Rücken.

Der Eingang war durch eine feste Wand verschlossen, die sich nicht bewegen ließ, sosehr die Maus auch dagegendrückte.

Es blieb ihr nichts anderes übrig als neben dem alten Eingang ein neues Loch zu graben, durch das sie dann ins Freie kroch.

Im hellen Mittagssonnenschein draußen sah sie, dass eine dicke Kokosnuss ihren Ausgang versperrte und ihn so dicht abschloss, dass nicht der kleinste Lichtstrahl in ihre Wohnung dringen konnte.

„So ein dummer Zufall! Muss diese Nuss ausgerechnet auf meine Tür fallen!“, rief die Maus ärgerlich, rannte los und kam das erste Mal zu spät in die Schule.

Als die Maus am Morgen darauf erwachte, war es noch stockdunkel in ihrem Zimmer.

„Fein, dass ich noch ein wenig schlafen kann!“, meinte sie und drehte sich zur Seite.

Als sie etwas später ein zweites Mal aufwachte und es immer noch dunkel war, trat sie vor die Tür, um frische Luft zu schöpfen. (Ein gutes Mittel gegen Schlaflosigkeit.) Das heißt, sie *wollte* vor die Tür treten! Denn weil sie noch schläfrig war, ging sie aus Versehen zur alten Tür, auf der die Kokosnuss lag, stieß mit dem Kopf dagegen und fiel auf den Rücken. „Du dummes Ding!“, schimpfte sich die Maus, erhob sich und ging zum zweiten Ausgang. Dort stieß sie mit dem Kopf an etwas Hartes und fiel auf den Rücken.

Auch diese Tür war durch eine feste Wand verschlossen und die Maus musste wohl oder übel daneben ein drittes Loch graben, um ins Freie zu gelangen. Im Licht der hellen Sonne sah sie, dass auf dem zweiten Eingang ebenfalls eine Kokosnuss lag.

„Das ist wirklich ein dummer Zufall!“, rief die Maus ärgerlicher als am Vortag. „Jetzt ist doch tatsächlich noch eine Nuss auf meine zweite Tür gefallen!“ Und kam wieder zu spät zur Schule.

Am anderen Morgen war es noch so finster, dass man die Pfote nicht vor den Augen sehen konnte, als die Maus vom Schlaf erwachte.

„Ich bin vorgestern und gestern zu spät zur Schule gekommen, darum will ich heute gleich aufstehen und mir den Sonnenaufgang betrachten“, sagte sie sich. „Denn wenn ich liegen bleibe, verschlafe ich noch ein drittes Mal!“

Sie stieg aus dem Bett, machte zwei Kniebeugen, gähnte, ging schlaftrunken den gewohnten Weg zur Tür, stieß mit dem Kopf an die Kokosnuss, wurde dadurch etwas wacher und murmelte: „Ach so, ich habe ja ein zweites Loch gegraben“, tastete sich zum zweiten Eingang, stieß mit dem Kopf an die zweite Kokosnuss und wurde davon ganz wach.

„Ich bin wirklich dumm!“, rief sie. „Da habe ich doch ganz vergessen, dass meine Wohnung inzwischen eine dritte Tür hat! Jetzt aber hurtig, hurtig, sonst versäume ich noch den Sonnenaufgang!“

Und sie rannte aus der dritten Tür. Das heißt, sie *wollte* hinausrennen! Denn sie stieß mit dem Kopf an etwas Hartes und fiel auf den Rücken.

Als sie den vierten Ausgang endlich gegraben hatte, sah sie im Licht der Morgensonne, was sie schon geahnt hatte: Auch auf der dritten Tür lag eine dicke Kokosnuss. Und die Maus Hurtig-Hurtig kam das dritte Mal zu spät in die Schule.

„Jetzt bin ich gespannt, ob das morgen früh so weitergeht“, sagte die Maus, als sie am Abend ins Bett schlüpfte. Und als sie am Morgen die Augen öffnete, war es wirklich so finster wie an den drei vorigen Tagen.

„Jetzt muss ich scharf nachdenken, damit ich nicht wieder zur falschen Tür gehe und auf den Rücken falle“, sagte die Maus, sprang aus dem Bett, stolperte über den Stuhl und fiel auf den Bauch.

Als sie sich erhoben hatte, ging sie mit vorgestreckter Hand vorsichtig auf die richtige Tür zu und stieß auf einen festen Widerstand.

„Um meine Wohnung herum wird der Boden bald durchlöchert sein wie ein Schweizer Käse!“, klagte sie, als sie neben dem vierten Loch noch ein fünftes graben musste, um ins Freie zu gelangen.

Draußen sah sie, dass eine vierte Kokosnuss auf dem vierten Eingang lag, und da sie selbst für eine Lehrerin ziemlich klug war, schüttelte sie mehrmals nachdenklich den Kopf und sagte schließlich: „Das geht nicht mit rechten Dingen zu!“, bevor sie hurtig die Arme anwinkelte, im Dauerlauf zur Schule rannte und gerade noch rechtzeitig da war.

An diesem Nachmittag kam sie wie immer um Viertel nach vier aus der Schule und ging in ihr Zimmer. Doch diesmal blieb sie nicht drinnen, sondern wartete die Dunkelheit ab, schlüpfte leise aus der Tür und versteckte sich neben dem neuen, fünften Loch hinter einem Stein.

Sie saß noch gar nicht lange, da kam der Affe Schlevian vom Baum gestiegen mit einer Kokosnuss in der

Hand. Vor dem Mauseloch blieb er stehen und sein Bauch zitterte vor unterdrücktem Lachen, als er sich bückte und die Nuss behutsam auf den Eingang zur Mäusewohnung legte.

Da wurde die Maus Hurtig-Hurtig von einer unbändigen Wut erfasst. Sie vergaß, dass sie viel kleiner war als der Affe, sprang auf den Stein, hinter dem sie sich verborgen hatte, ihre Augen funkelten vor Zorn und sie schrie ihn an:

„Sie Lümmel! Sie unverschämter Bursche! Ich sollte Ihnen hurtig eine hinter die großen Ohren geben! So eine Frechheit! So eine Gemeinheit! Sofort nehmen Sie alle Nüsse wieder weg, Sie frecher Affe! Sie Flegel!"

„Meine Ohren sind überhaupt nicht zu groß!", erwiderte der Affe Schlevian gekränkt. „Man wird doch noch einen kleinen Spaß machen dürfen."

„Einen kleinen Spaß nennt er das!", rief die Maus, aufs Höchste aufgebracht. „Warten Sie nur, ich werde mich rächen! Ich werde es Ihnen heimzahlen, Sie Affe!"

„Wie willst du denn das machen?", fragte Schlevian frech und lachte. „Willst du mich in die große Zehe beißen?"

„Ich werde mir schon etwas ausdenken, verlassen Sie sich darauf!"

„Aber pass auf, dass du nicht Kopfweh bekommst vom vielen Nachdenken!", sagte der Affe ungerührt, sammelte die Kokosnüsse ein und verschwand auf dem Baum.

Obwohl der Affe Schlevian nicht so recht an die Drohungen der Maus glaubte, war er am nächsten Tag auf der Hut. Er ging nur langsam und blickte dabei umher, weil er befürchtete, sie könne unvermittelt hinter einem Stein auftauchen, ihn in den Fuß zwicken und schnell in ihrem Loch verschwinden. Wenn er am Boden saß, blickte er sich oft um, damit sie nicht unbemerkt von hinten anschleichen und ihn ins Hinterteil kneifen konnte.

Aber die Maus hatte das offensichtlich nicht im Sinn: Sie ging wie alle Tage um drei viertel sieben in die Schule, kam am Nachmittag nach Hause und blieb für den Rest des Tages in ihrem Zimmer.

Deswegen hatte der Affe am darauf folgenden Tag schon wieder Langeweile, saß auf seinem Ast und überlegte, was er anfangen solle.

Da ging unten das Nashorn Bulbo vorbei.

Herr Nashorn Bulbo war dick und massig, wie Nashörner nun einmal sind, dabei aber eitel, geckenhaft und immer sehr, sehr stutzerhaft gekleidet. Seine

plumpen Füße steckten in glänzenden Lackschuhen, die so blank waren, dass er sie als Spiegel verwendete. Seine Hosen saßen so knapp, dass er sich nicht bücken konnte, sein Jackett war aus weißer Seide und nach der neuesten Mode geschnitten. Man konnte meinen, er käme direkt aus einer Modezeitschrift. Dazu trug er noch einen steifen, hohen Hut aus grünem Filz mit einem gelben Band und hatte das Horn auf seiner Nase vergolden lassen.

Als er gerade so unter dem Affen Schlevian dahinschlenderte und dazu mit wohltönender Stimme den neuesten Schlager sang, ließ dieser eine der Kokosnüsse auf den steifen, grünen, hohen Hut des Nashorns fallen.

Er rutschte ihm über die Augen und das Nashorn stand im Finstern. Als es ihm endlich gelungen war, den zerbeulten Hut in die alte Stellung zurückzuschieben, sah es nach oben. Direkt in das freche, grinsende Gesicht des Affen Schlevian, der sicher auf seinem Ast saß.

Das Nashorn drohte, aber der Affe lachte und rief: „Ich kann Sie so schlecht verstehen! Klettern Sie doch bitte auf den Baum, dann können wir uns besser unterhalten!"

Das machte das Nashorn noch wilder. Es begann gerade den Affen wild zu beschimpfen, als dieser ihm ruhig und zielsicher die zweite Nuss auf den Hut warf. Der rutschte ihm wieder über die Augen und war schon gar nicht mehr steif, als ihn das Nashorn endlich wieder hochgezerrt hatte.

Jetzt gab sich das aufgeregte Tier nicht mehr mit

Worten zufrieden, es bückte sich, umfasste den Stamm und wollte den Übeltäter vom Baum schütteln. Dabei platzte seine Hose hinten auf.

Der Affe sah mit Befriedigung, dass der dicke Baum um keinen Millimeter wackelte, und warf ohne Sorge die dritte Nuss. Man muss ihn schon einen geschickten Werfer nennen, denn auch der dritte Wurf traf den Hut sehr genau und trieb ihn weit ins Gesicht seines Besitzers.

Die Wut des Nashorns kannte keine Grenzen mehr. Mit großem Anlauf rannte es immer wieder mit dem Horn gegen den Stamm, um den Affen durch den Anprall auf den Erdboden zu schleudern. Aber der Stamm war zu dick, der Affe saß zu fest.

Als das Nashorn endlich den Kampf aufgab und abzog, waren sein Horn verbogen, seine Hose zerfetzt, seine Jacke verschmutzt, seine Schuhe bestaubt, sein steifer Hut ganz verbeult und das schöne gelbe Hutband zerrissen. Und der Affe Schlevian hatte ein neues Spiel gefunden, das ihm seine Langeweile vertrieb!

Als Nächstes spielte er dieses neue Spiel mit dem Elefanten Dante.

Der war Geheimer Geografierat, zwar klein und dick, aber ein Mann der Wissenschaften! Er trug immer eine Bundhose, grob gestrickte Kniestrümpfe und Halbschuhe und war sehr wetterfest.

Jeden Tag durchforschte er den Urwald, zeichnete Landkarten von allen seinen Teilen und schrieb dicke Bücher über seine Bewohner.

Den Titel „Geheimer Geografierat“ hatte er verliehen bekommen, weil er festgestellt hatte, dass die Affen beim Bananenessen mit dem oberen Ende der Banane beginnen, und darüber in einem Buch berichtet hatte.

Nur ganz selten blieb er einen Tag zu Hause und forschte nicht. Wenn ihm dann seine Frau ein Mittagessen kochen wollte, sagte er verächtlich: „Der Geograf isst im Gelände!“, setzte sich auf die Wiese vor dem Haus und briet ein Stück Wurst über einem offenen Feuer.

Als der Elefant Dante nun am Wohnbaum Schlevians vorbeikam und zufällig nach oben sah, erblickte er über sich den Affen mit einer Kokosnuss in der Hand.

Sofort blieb er interessiert stehen und sagte:

„Sieh da! Ein Affe mit einer Kokosnuss in der Hand! Was mag dieses possierliche Tier wohl mit derselben vorhaben? Ob es die Nuss wohl gar verzehrt? Ich muss dieses Problem erforschen, und wenn es mich Jahre meines Forscherlebens kostet!"

Aber so lange brauchte er nicht zu forschen, was der Affe mit der Nuss vorhatte, denn kaum hatte er ausgesprochen, da landete sie mit einem hohlen Klang auf seinem Schädel.

Er schimpfte fürchterlich und vergaß dabei, dass er dem Affen eigentlich hätte dankbar sein müssen, weil dieser der geografischen Wissenschaft bei der Erforschung eines Problems so prompt geholfen hatte.

Aber sein Schimpfen konnte den wissenschaftlichen Eifer des Affen nicht dämpfen! Denn kaum hatte der Elefant die Brille wieder aufgesetzt, die beim Aufprall der Kokosnuss heruntergefallen war, da löste der Affe das Problem bereits ein zweites Mal und eine zweite Nuss landete fast genau an derselben Stelle wie die erste.

Jetzt wurde auch der Elefant wild, nahm einen Anlauf und rannte gegen den Stamm. Der Affe, der durch das Nashorn schon Erfahrung im Festhalten gesammelt hatte, sah dem Angriff des Elefanten ruhig entgegen und es gelang ihm sogar, noch eine dritte Nuss auf den Elefanten zu werfen.

Der hatte erkannt, dass er den dicken Stamm nicht erschüttern konnte, und versuchte mit dem Rüssel sein Glück. Er fasste nach oben, erreichte das äußerste Ende des Astes, auf dem der Affe Schlevian saß, und zog daran. Aber Schlevian, der gar nicht daran dachte, sich wie eine reife Pflaume vom Baum schütteln zu lassen, stieg einfach einen Ast höher, wo ihn der Elefant auch mit dem Rüssel nicht mehr erreichen konnte, und wartete da ganz ruhig, bis der Elefant wie vor ihm das Nashorn einsehen musste, dass gegen den Affen nichts auszurichten war, und heimging.

Das nächste Opfer des Affen Schlevian war ein Bär. Über ihn lässt sich nichts Besonderes sagen, er war ein Bär wie alle anderen, hieß Petz, aß gern Honig und war braun. Als ihn die erste Kokosnuss des Affen auf den Rücken traf, brummte er wütend. Nach der zweiten begann er ohne weitere Vorreden auf den Baum zu steigen.

Damit hatte der Affe nicht gerechnet. Er hatte vergessen, dass Bären auch klettern können!

Als der Bär zwar langsam, aber stetig weiterkletterte, zog sich der Affe auf einen dünnen Ast zurück, da er erkannte, dass der Bär schwerer war als er.

Als dieser ebenfalls auf den Ast hinausbalancierte, bog er sich nach unten und Affe und Bär rutschten ab. Der Affe, der ein gewandterer Kletterer war, rettete sich leicht auf den Nebenast und blieb da sitzen. Der plumpe Bär fand keinen Halt, fiel vom Baum und unsanft auf sein Hinterteil. Und da er einsah, dass es ihm beim nächsten Kletterabenteuer wieder genauso gehen würde, gab auch er den Kampf auf und trollte sich.

Jetzt kam ein Stinktier an die Reihe. Es war mit Abstand das unbeliebteste Tier in der ganzen Gegend und keiner wusste genau, wo es eigentlich hergekommen war. Es hieß Skunk, trug Tag für Tag den gleichen schwarz-weiß gestreiften Pullover und hatte die schlechte Angewohnheit, die anderen Tiere mit einer übel riechenden Flüssigkeit voll zu spritzen, wenn sie es nicht in Ruhe ließen, und manchmal sogar, weil es missgelaunt war. Es hatte keine Freunde.

Als es unter dem Baum vorbeikam, warf ihm der Affe Schlevian eine Nuss auf den Rücken. Es schaute hoch, sah den Affen und sagte:

„Ich warne dich! Noch eine Nuss und du stinkst, dass dir dein eigener Vater nicht mehr die Hand gibt!“

Der Affe stieg vorsichtshalber drei Äste höher und warf die zweite.

Das Stinktier sah die Nuss fliegen, wich ihr so geschickt aus, dass sie nicht traf, und dann spritzte es seine Flüssigkeit zum Affen hinauf.

Doch der saß zu hoch. Der Strahl erreichte ihn nicht, regnete dann wieder herab und das Stinktier musste selber rennen, um nicht von seiner eigenen Stinkflüssigkeit bespritzt zu werden. Das machte dem Affen natürlich Spaß und er warf gleich zwei Nüsse nach dem rennenden Tier.

In diesem Augenblick griff jemand in das Geschehen ein, von dem man es am wenigsten erwartet hätte: die Maus Hurtig-Hurtig!

Als der dicke Bär vom Baum gefallen war, hatte die Erde im Umkreis von drei Metern gewackelt und in der Wohnung der Maus waren durch die Erschütterung die Stühle umgefallen. Sie war entsetzt aus dem Loch gerannt und hatte entdecken müssen, dass der eigentliche Urheber dieses Erdbebens der Affe Schlevian war. Und als sie sah, wie er nun sein Spiel mit dem Stinktier trieb, da war sie hurtig, hurtig in ihre Wohnung geschlüpft, hatte ihre Kletterstiefel angezogen und war heimlich am Stamm emporgeklettert.

Oben saß sie nun klein und unbemerkt und nagte an dem Ast, auf dem Schlevian saß.

Und gerade als der Affe die beiden Nüsse auf das Stinktier geworfen hatte und vor Freude in die Höhe sprang, weil die eine getroffen hatte, da machte es knacks, der Ast brach ab und der verdutzte Affe fiel auf den Boden, bevor er sich irgendwo halten konnte, und landete genau vor dem Stinktier.

Das wütende Tier hatte nie einen anderen so bespritzt wie jetzt den Affen Schlevian! Noch nach drei

Wochen redete der Affe Kukuk nur vom Nachbarbaum mit ihm und keiner wagte sich in seine Nähe.

Die Maus kletterte hierauf langsam vom Baum, stellte sich vor dem tropfenden, stinkenden Affen auf und wollte eigentlich sagen: Sehen Sie, das war die Rache einer kleinen Mäuse-Mädchen-Mittelschul-Sportlehrerin!

Aber da der Affe so erbärmlich stank, sagte sie nur: „Sehen Sie, das war die Rrrr…“, hielt sich die Nase zu und verschwand schnell in ihrem Loch.

„So kann man sich täuschen“, sagte der Löwe abschließend, als der Hund geendet hatte.

„Ja, der Affe Schlevian hat die Maus unterschätzt“, pflichtete ihm der Hund bei.

„Nein, das meine ich nicht. Ich meinte: Ich habe mich in der Geschichte getäuscht. Denn sie war ganz lang und dabei handelt sie, wie gesagt, von einem so kleinen Tier.“

„Von einem so großen Tier!“, verbesserte ihn ein hohes Stimmchen aus dem Gras. Es war der Sandkäfer,

der heimlich wiedergekommen war, weil auch er so gern Geschichten hörte.

Unter der Bedingung, dass er keine Zwischenrufe mehr mache, durfte er still im Gras sitzen bleiben und die nächste Geschichte mit anhören.

„Jetzt habe ich eine Geschichte gehört, in der vom Affen Schlevian allein die Rede war“, sagte der Löwe. „Daher ist es nur recht und billig, wenn ich jetzt eine zu hören bekomme, in der allein vom Affen Kukuk die Rede ist.“

„Die Geschichte kannst du haben“, erwiderte der Hund, der in der Zwischenzeit so großen Gefallen am Geschichtenerzählen gefunden hatte, dass man ihn nicht lange darum zu bitten brauchte. Das kam vielleicht daher, dass der Löwe ein so guter Zuhörer war und ihn nie durch Fragen unterbrach.

Er wollte beginnen: „Es war einmal ein Esel ...“

Aber der Löwe rief: „Halt, halt! Ich habe mir zwar eine Geschichte vom Affen Kukuk gewünscht, aber deswegen möchte ich trotzdem das Bild dazu sehen!“

„Auch das sollst du haben“, sagte der Hund gutmütig. „Gleich neben meinem linken Ohr ist das Bild von dem Esel.“

„Könntest du das Ohr nicht nach oben schlagen?“, fragte der Löwe, als er das Bild entdeckt hatte. „Ich könnte es dann besser sehen. Denn das scheint mir ein Zebra zu sein und kein Esel!“

„Es tut mir Leid“, erwiderte der Hund, „aber mein linkes Ohr schlage ich äußerst ungern nach oben. Da ist nämlich ein Bild darauf, das ich – wenn es möglich ist – nicht zeigen möchte.“

„Ist das Bild nicht gut gezeichnet?“, fragte der Löwe neugierig.

„Doch!“, sagte der Hund. „Aber ich habe bis jetzt immer schlechte Erfahrungen gemacht, wenn ich das Bild zeigte. Bitte bestehe nicht darauf!“

„Meinetwegen!“, erwiderte der Löwe brummig, strahlte aber gleich wieder über sein langes Löwengesicht, denn der Hund erzählte:

Siebtes Kapitel

Die Geschichte von dem Esel, der ein Zebra werden wollte

Ein Esel namens Maxi ging eines Tages sehr weit spazieren und traf bei dieser Gelegenheit ein Zebra. Er hatte früher noch nie eines gesehen.

„Guten Tag, Tier“, sagte er, da er nicht wusste, wie er es anders anreden sollte.

„Einen schönen guten Tag, Herr Esel!“, erwiderte das Zebra artig, das viel herumkam und deswegen Esel schon gesehen hatte.

„Sie kennen mich?“, fragte der Esel überrascht.

„In meiner Familie redet man oft von Ihnen“, sagte das Zebra. „Zum Beispiel, wenn Kinder ihren vollen Milchbecher umkippen, wenn ein Schüler ins Heft schreibt: Eins und drei ist fünf, oder sich aus Versehen in den Apfelkuchen setzt – immer dann ist die Rede von Ihnen!“

„Ich verstehe“, rief der Esel geschmeichelt. „Sicher sagt man dann: Schäm dich, einem Esel wäre das nicht passiert!“

„So ähnlich“, sagte das Zebra, „so ähnlich!“

„Und darf ich fragen, um welches Tier es sich bei Ihnen eigentlich handelt?“, fuhr der Esel fort.

„Aber natürlich dürfen Sie fragen, mein Lieber!“, sagte das Zebra, dem die Unterhaltung langweilig wurde, und trabte davon. „Das kann Ihnen keiner verbieten!“, rief es noch zurück und verschwand hinter einer Baumgruppe.

„Ein wirklich freundliches Tier“, sagte der Esel zu sich. „Und so höflich! Es hat sich sichtlich gefreut mich kennen zu lernen. Schade, dass unsere Unterhaltung nur so kurz war. Aber sicher haben dringende Geschäfte das Tier fortgerufen. Ich muss ihm unbedingt Gelegenheit geben mich wieder zu sehen!“

Am nächsten Sonntag ging der Esel wieder so weit spazieren und traf auch wirklich das Zebra.

Das tat erst, als sähe es ihn nicht, und wollte schnell vorbeigehen. Aber er rief schon von weitem:

„Guten Tag, Tier. Schönes Wetter heute!“

Da blieb es stehen.

„Guten Tag, Herr Esel!“, erwiderte es höflich. „Ja, der Regen fällt heute besonders schön!“

„Ich wollte sagen: schlechtes Wetter heute!“, verbesserte sich der Esel, als er schnaufend ankam. „Ich habe mich nur versprochen.“

„Besser sich versprechen als sich zerbrechen!“, entgegnete das Zebra.

„Ja wirklich, da haben Sie Recht!“, lachte der Esel mit zurückgelegtem Kopf. „Das war fein gesagt, sehr fein gesagt! Das muss ich mir merken: Besser sich zerbrechen als sich versprechen!“

„Umgekehrt“, sagte das Zebra. „Umgekehrt! Ich dachte mir schon, dass Ihnen der Satz gefällt, ich habe ihn nämlich von einem Esel gehört.“

„Darf ich Sie jetzt auch noch fragen“, fragte der Esel, „um welches Tier es sich bei Ihnen im Einzelnen handelt?“

„Aber natürlich dürfen Sie das fragen, mein Lieber!“, sagte das Zebra und trabte ein zweites Mal davon. „Ich sagte es Ihnen schon einmal: Niemand kann Sie daran hindern!“, rief es zurück und verschwand.

„Wirklich ein freundliches Tier!“, begeisterte sich der Esel. „Und meine Unterhaltung tut ihm sichtbar wohl. Sicher ist es sonst mit lauter geistlosen Tieren zusammen, das Arme! Nur schade, dass es immer so wenig Zeit hat!“

Am kommenden Sonntag ging er sogar schon eine Stunde früher spazieren und traf wieder das Zebra.

„Guten Tag, Tier!“, rief er ihm zu. „Diesmal will ich gleich fragen: Welches Tier sind Sie eigentlich?“

„Ein Zebra.“

„Das habe ich mir gleich gedacht“, sagte der Esel und nickte mit dem Kopf.

„Wegen meiner schwarzen Streifen?“, erkundigte sich das Zebra.

„Nein, wegen der weißen. Darf ich Sie noch etwas fragen, Herr Zebra?“

„Fragen Sie!“

„Sie machen auf mich immer so einen höflichen Eindruck.“

„Das ist eine Feststellung, aber keine Frage.“

„Die kommt, kommt sofort! Wenn Sie sich einen Augenblick gedulden, dann schließe ich die Frage an.“

„Aber bitte, fahren Sie fort!“

„Fortfahren? Wohin?“, fragte der Esel verdutzt und

war ganz aus dem Konzept gebracht. „Ist Ihnen meine Unterhaltung nicht mehr angenehm?"

„Aber nein!", beruhigte ihn das Zebra. „Ich meinte, Sie sollen weitersprechen!"

„Weitersprechen, ach so!", lachte der Esel. „Da habe ich Sie missverstanden!" Und er fuhr fort: „Sie machen auf mich immer so einen höflichen Eindruck ..."

Wenn ich mich nicht täusche", unterbrach ihn das Zebra, „habe ich diese Feststellung eben schon gehört."

„Ganz recht, ganz recht!", lachte der Esel. „Sehr witzig! Wirklich, sehr witzig von Ihnen bemerkt! Sie machen also auf mich immer so einen höflichen Eindruck und da wollte ich Sie fragen – ich darf Sie doch fragen?"

„Wenn ich mich nicht schon wieder sehr täusche", sagte das Zebra ungeduldig, „dann habe ich Ihnen die Erlaubnis dazu schon gegeben."

„Da wollte ich Sie also fragen", fuhr der Esel unbeirrt fort, „woher es kommt, dass Sie einen so höflichen Eindruck auf mich machen."

„Das kommt von meinen Streifen. ‚Dunkle Streifen auf hellem Grund machen höflichen Eindruck und erhalten gesund' – wie das Sprichwort sagt!", erklärte das Zebra ernst, nickte grüßend und trabte schnell davon.

„Das war mir neu", sagte der Esel, als er sich von seiner Überraschung erholt hatte, „dass dunkle Streifen einen höflichen Eindruck machen. Ich möchte auch gern dunkle Streifen haben!"

Am nächsten Sonntag ging er noch eine Stunde früher spazieren, wartete aber den ganzen Tag vergeblich auf das Zebra. Es kam nicht mehr.

Zu dumm!, dachte der Esel. Ich hätte es so gern gefragt, wie man zu schwarzen Streifen kommt.

Da er das Tier auch in der folgenden Zeit nie mehr wieder traf, begann der Esel allen seinen Nachbarn und Bekannten lästig zu werden, denn jedes Mal, wenn er sie traf, befragte er sie eingehend, ob sie nicht wüssten, wie er zu schwarzen Streifen kommen könne.

Weil er kein besonders gutes Gedächtnis hatte, kam es vor, dass er jemand dreimal am Tag dasselbe fragte. Und natürlich konnte ihm keiner eine Auskunft geben.

Bald nannte man ihn nicht mehr mit seinem Namen, sondern hieß ihn nur noch – wenn die Rede auf ihn kam – den „Esel, der ein Zebra werden will".

Eines Sonntags ging er wieder spazieren. Dabei traf er zwar nicht das Zebra, aber den Affen Kukuk, der auf der Suche nach einem Affenbrotbaum aus dem Urwald gekommen war.

„Guten Morgen, Herr Esel!“, sagte der Affe gut gelaunt.

„Guten Morgen, Tier!“, antwortete der Esel, der auch noch keinen Affen gesehen hatte.

„Ich bin ein Affe“, erklärte ihm Kukuk leicht gekränkt. „Merken Sie sich das für die Zukunft! Es ist nicht sehr höflich, ‚Guten Morgen, Tier‘ zu sagen. Sagen Sie doch einfach nur ‚Guten Morgen‘, wenn Sie nicht wissen, wer vor Ihnen steht!“

„Sie haben Recht“, sagte der Esel traurig, „ich bin nicht sehr höflich. Das ist wegen der Streifen.“

„Welche Streifen?“, fragte der Affe Kukuk und drehte den Kopf nach allen Seiten, sah aber keine.

„Wegen der Rückenstreifen“, erklärte der Esel.

„Ich sehe keine Streifen“, stellte der Affe fest, nachdem er den Esel eingehend betrachtet hatte.

„Das ist es ja gerade, das ist es ja gerade“, seufzte der Esel noch unglücklicher. „Die fehlen mir so! Was würde ich darum geben, wenn ich Streifen hätte wie ein Dingsda, so ein Kebra!“

„Ein Zebra meinen Sie wohl“, verbesserte der Affe.

„Genau! Wie ein Zebra!“

„Und was würden Sie darum geben?“, fragte der Affe sachlich.

„Einen ganzen Sack Hafer.“

„Mag ich nicht.“

„Oder fünf große Rüben.“

„Mag ich nicht!“

„Ja, was mögen Sie denn dann?“

„Bananen“, sagte der Affe genießerisch und rollte mit den Augen.

„Bananen!“, rief der Esel. „Wenn es weiter nichts ist!“

„Sie haben Bananen?“, fragte der Affe überrascht.

„Das nicht, aber ich weiß, wo welche wachsen!“

„Wenn Sie mir die zeigen“, rief der Affe und schmatzte mit den Lippen, „dann werde ich Ihnen zu Ihren Streifen verhelfen!“

„Ist das wahr?“, rief der Esel glücklich. „Ich wäre Ihnen ja so dankbar, Herr … Herr Tier!“

„Ich bin ein Affe, falls Sie das schon wieder vergessen haben!“, sagte Kukuk. „Und jetzt wollen wir gleich zu den Bananen gehen.“ Sie gingen.

Und als der Affe alle Bananen aufgegessen hatte, fragte der Esel: „Wann bekomme ich jetzt meine Streifen?“

„Die Streifen werde ich dir morgen früh anzaubern“, log der Affe. „Ich bin nämlich im Streifenzaubern etwas bewandert. Kennst du das große Haus, das vor dem Urwald steht?“

„Das mit dem Lattenzaun davor?“

„Genau das meine ich! Sei morgen früh dort, sobald die Sonne aufgegangen ist. Du wirst mich da treffen.“

„Ich werde auf jeden Fall da sein!“, sagte der Esel und lief fröhlich nach Hause.

„Und vergiss nicht, einen Spiegel mitzubringen!“, rief ihm der Affe noch nach und ging in den Urwald zurück.

Als der Affe Kukuk am nächsten Morgen vor dem Haus ankam, war der Esel schon da und wartete ungeduldig.

„Guten Morgen, Herr Esel!“, grüßte der Affe.

„Guten Morgen, Tier!“, grüßte der Esel zurück.

Der Affe Kukuk hatte es satt, ihm ständig zu erklären, wer er sei, deswegen sagte er nichts darauf, sondern begann murmelnd auf und ab zu gehen.

Der Esel betrachtete ihn mit großen Augen: „Geht das Zaubern schon los?“

„Nur Geduld!“, sagte der Affe. „Dazu muss ich dir erst die Augen verbinden.“

„Meinetwegen, wenn es zum Streifenzaubern nötig ist!“

Darauf verband Kukuk dem Esel die Augen mit einem Tuch und führte ihn bis zu dem Lattenzaun.

Weil es früher Morgen war und die Sonne noch sehr tief stand, warfen die einzelnen Zaunlatten lange, dunkle Schattenstreifen auf den Boden.

Als der Esel neben dem Zaun stand, fielen die Schatten auf ihn und zeichneten ihm ein richtiges, schwarzes Streifenmuster aufs Fell. Der Affe betrachtete es befriedigt, tat dann aber so, als zaubere er noch, murmelte lange Worte und brummelte unverständliche Sätze.

Der Esel stand währenddessen unbeweglich und schwieg ehrfürchtig.

Nach einer Weile sagte der Affe: „Fertig!“, nahm dem Esel die Binde ab und hielt ihm den Spiegel vor.

Der sah hinein und da waren wirklich auf seinem Bauch und seinem Rücken schwarze, senkrechte Streifen!

„Nun schnell nach Hause! Alle sollen es sehen: Ich bin ein Zebra geworden!", rief der Esel begeistert und rannte auch schon los. „Vielen Dank auch, Herr ... Herr Tier!"

„Herr Affe!", wollte ihn der Affe erst verbessern, ließ es aber und verschwand seinerseits schnell im Urwald.

Zu Hause angekommen zeigte sich der Esel zuerst seiner Frau.

„Mach ich jetzt einen höflichen Eindruck auf dich?", fragte er erwartungsvoll.

„Du hast schon immer einen höflichen Eindruck auf mich gemacht", sagte seine Frau. „Warum fragst du?"

„Ja siehst du sie denn nicht, meine schönen Streifen?", rief der Esel ungeduldig.

Die Frau betrachtete ihn von allen Seiten, schüttelte den Kopf, strich ihm über die Ohren und seufzte: „Armer Mann! Jetzt ist er völlig verrückt geworden!"

„Lass das!", schrie der Esel wütend und schob ihre Hand beiseite. „Die Frauen sind doch wirklich stupide! Du bist dumm wie ein ... wie ein ..."

„Wie ein Esel!", half ihm sein Nachbar, der Kronenkranich, der gerade zufällig hereinkam. „Entschuldige, ich wollte natürlich sagen: Wie eine Gans!", verbesserte er sich sofort.

Der Esel ging auf ihn zu und fragte:

„Lieber Nachbar, mache ich auf dich einen höflichen Eindruck?"

„Früher machtest du immer einen!", entgegnete er

und dachte darüber nach. „Aber wenn man seine Frau eine dumme Gans heißt, so ist das, wenn ich es recht bedenke, wenig höflich!"

„Wenig höflich?", fragte der Esel bestürzt. „Aber meine Streifen?"

„Welche Streifen?", fragte nun auch der Kronenkranich erstaunt.

Über so viel Dummheit war der Esel wirklich erschüttert. Aber trotzdem wollte er sie ihm zeigen und wies auf seinen Rücken. Man kann sich vorstellen, wie verblüfft er war, als er dabei entdeckte, dass auf seinem Rücken mit dem besten Willen keine Streifen mehr zu sehen waren.

„Dieses Tier!", rief er und vor Wut fiel ihm sogar der richtige Name ein. „Dieser Affe! Er hat mich betrogen. Wehe ihm, wenn er mir noch einmal begegnet, der Spitzbube!"

Dem Spitzbuben hatten die Bananen sehr gut geschmeckt. Nun sann er darüber nach, wie er noch mehr davon bekommen könnte. Allein werde ich so schnell keine finden, dachte er. Der Esel weiß bestimmt noch einen Platz, wo Bananenstauden wachsen. Aber er wird wütend auf mich sein und alles andere tun, als mir noch einmal zu Bananen zu verhelfen! Trotzdem sollte ich es eigentlich versuchen: Der Esel ist so dumm, vielleicht überliste ich ihn ein zweites Mal!

Und am nächsten Sonntag ging er just da spazieren, wo auch der Esel immer hinzukommen pflegte.

Als der Esel den Affen sah, schrie er schon aus der Ferne: „Da bist du ja, du Affe! Warte, ich ziehe deine Ohren länger als meine!"

Der Affe blieb ganz ruhig stehen, und als der Esel näher kam, sagte er höflich: „Guten Tag, Tier!"

Der Esel schrie: „Was heißt hier: ‚Guten Tag, Tier!' Du weißt genau, welches Tier ich bin!"

Der Affe zuckte mit den Schultern: „Es tut mir wirklich sehr Leid, aber ein Tier wie Sie habe ich noch nie gesehen! Sind Sie ein Pferd?"

„Ein Esel bin ich, das wissen Sie doch ganz genau! Sie sind doch der Affe, der mir die Streifen gezaubert hat!"

„Welche Streifen?"

„Die auf meinem Rücken!"

„Aber auf Ihrem Rücken sehe ich gar keine Streifen, Herr Esel!"

„Das ist es ja eben!", schrie der Esel. „Er hat ja keine gezaubert!"

„Das verstehe ich jetzt nicht: Wenn Ihnen der Affe keine gezaubert hat, wie soll ich dann der Affe sein, der Ihnen die Streifen gezaubert hat?", fragte der Affe ruhig.

„Irgendwie haben Sie Recht", gab der Esel kleinlaut zu und wusste nicht weiter.

„Und außerdem", fuhr der Affe fort, „gibt es Hunderte, ja Tausende von Affen. Und einer sieht aus wie der andere!"

„Ich habe aber ein Mittel, ihn unter allen anderen tausend Affen herauszufinden", sagte der Esel triumphierend. „Können Sie zaubern?"

„Es tut mir Leid", bedauerte der Affe Kukuk. „Aber Streifen zaubern kann ich nicht!"

„Dann waren Sie es nicht", sagte der Esel erleichtert, grüßte und wollte gehen.

„Einen Augenblick noch!“, rief ihm der Affe nach. „Ich kann zwar nicht zaubern, aber ich könnte Ihnen trotzdem zu Streifen verhelfen.“

„Zu Streifen?“, fragte der Esel und blieb sofort stehen. „Wie wollen Sie das machen?“

„Ich könnte Ihnen die Streifen ja auf den Rücken malen!“

„Haben Sie denn Farbe?“

„Farbe nicht, aber Kohle!“

„Wenn Ihnen das gelänge“, rief der Esel begeistert, „dann würde ich Ihnen eine ganze Bananenpflanzung zeigen!“

„Eine ganze Pflanzung!“, wiederholte der Affe, rollte vor Freude die Augen und schmatzte mit den Lippen. „Dann wollen wir gleich anfangen!“

Er suchte sich ein Stück Kohle, hieß den Esel ruhig dastehen, weil dieser vor Aufregung von einem Fuß auf den anderen sprang, und begann sein Werk. Sorgfältig zog er dicke schwarze Striche, und als er sich nach einer Stunde harter Arbeit den Schweiß fortwischte, war der Körper des Esels wie der eines Zebras mit einem Streifenmuster bedeckt.

„Jetzt gehen wir zu den Bananen“, schlug Kukuk dem Esel vor, als dieser endlich aufhörte sich in einer Wasserpfütze bewundernd zu spiegeln.

„Mach ich auf Sie einen höflichen Eindruck, Herr Affe?“, fragte der Esel.

„Einen sehr höflichen. Und jetzt lass uns zu den Bananen gehen!“, erwiderte der Affe ungeduldig.

Da trabte der Esel los. Erst ging er im Schritt, dann wurde er schneller und schneller. Der Affe rannte keu-

chend hinterher, die Zunge hing ihm heraus und er schrie: „Nicht so schnell, Herr Esel, nicht so schnell!“

Der Esel kümmerte sich nicht darum, sondern rief nur ab und zu höhnisch zurück: „Schneller, Herr Affe, schneller! Es gibt Bananen!“ Und er verdoppelte seine Geschwindigkeit. Endlich kam er zu einem kleinen Flüsschen, sprang hinein und schwamm zum anderen Ufer. Der Affe, der nicht schwimmen konnte, musste stehen bleiben und zusehen, wie der Esel drüben aus dem Wasser stieg.

„Sie denken wohl, ich wäre ein dummer Esel!“, rief er von dort zurück.

„Das sind Sie auch!“, schrie der Affe wütend.

„Ich habe Sie erkannt an der Art, wie Sie mit den

Augen rollten und mit der Zunge schmatzten, als ich Ihnen Bananen versprach", rief der Esel weiter. „Sie sind der Affe vom letzten Sonntag! Letztes Mal haben Sie mich an der Nase herumgeführt, jetzt habe ich Sie übers Ohr gehauen, Sie dummer Affe! Wir Esel sind nämlich viel klüger, als man immer denkt! Wir Esel sind schlauer als die Affen!", rief er stolz.

Der Affe sah ein, dass er um seine Bananen gekommen war, und ging wieder in den Urwald zurück. Bevor er sich aber umwandte, lachte er laut und rief: „Dann sehen Sie sich Ihre Streifen doch einmal an, Sie schlauer Esel!"

„Ja, das werde ich auch tun!", rief der Esel eitel und wandte den Kopf, um sich zu beschauen.

Da hatte das Wasser die schwarze Farbe gänzlich abgewaschen! Und der Esel musste grau, wie er gekommen war, wieder nach Hause zurückkehren.

Er soll sich so darüber geärgert haben, dass er seitdem keine Lust mehr auf schwarze Streifen hat und die Nachbarn nicht mehr durch Fragen belästigt.

Und wenn man über ihn redet, nennt man ihn nicht mehr den „Esel, der ein Zebra werden will", sondern sagt wieder schlicht „der Esel Maxi".

„Dieser Esel ist wirklich ein einfältiges Tier!", lachte der Sandkäfer, als die Geschichte beendet war. „Was für eine alberne Idee, sich Streifen auf den Rücken malen zu lassen!"

Und der Löwe fügte nachdenklich hinzu: „Obwohl sie mir eigentlich stehen würden, davon bin ich überzeugt! Ob es hier im Urwald wohl Kohlen gibt, was meint ihr?"

Der Hund tat, als hätte er die Frage nicht gehört, und lachte, wobei er von Zeit zu Zeit ausrief: „Dieser einfältige Esel! Das Zebra hat sich nur über ihn lustig gemacht! Er hat doch tatsächlich geglaubt, dass dunkle Streifen einen höflichen Eindruck machen, der dumme Esel!"

„Ja, machen Sie denn das nicht?", fragte der Löwe verdutzt.

„Aber nein!", rief der Hund. „Das hast du doch durchschaut!"

„Natürlich, natürlich!", entgegnete der Löwe überlegen und mit erhobener Stimme fuhr er fort: „Ich käme auch nie auf die dumme Idee, mein schönes Fell durch lächerliche Streifen verschandeln zu lassen!"

Dann lachten alle drei noch einmal über den Esel. Als sie damit endlich fertig waren, kramte der Löwe wieder in der Aktentasche und setzte die Brille auf die Nase. Der Hund schaute ihm belustigt zu und sagte schließlich:

„Mir scheint, für dich ist es schon ganz selbstverständlich, dass ich jetzt eine neue Geschichte erzähle. Wenn ich nun aber keine mehr weiß oder keine mehr erzählen will, was dann?"

„Das kannst du nicht tun!", rief der Löwe empört. „Du kannst doch nicht einfach aufhören zu erzählen, wo noch so viele Bilder auf deinem Rücken und deinem Bauch sind!"

„Keine Angst, ich werde weitererzählen", sagte der Hund. „Aber um es ehrlich zu sagen: Ich habe wieder mächtigen Hunger!"

„Wenn es nur das ist!“, rief der Löwe erleichtert. „Dagegen kann ich etwas tun!“

Und er packte seine Schätze aus, die er in der Aktentasche verwahrt hatte. Gemeinsam aßen sie Brot, Schinken und Gurke.

Als sie satt waren, leckte der Löwe sich die Lippen und sagte mit schlauem Lächeln: „Jetzt habe ich dir etwas zu essen gegeben. Dafür musst du mir die Geschichte erzählen, die auf deinem linken Ohr abgebildet ist!“

Als das der Hund hörte, wurde er bleich und schluckte vor Schreck eine Wurst hinunter, die er noch im Mund hatte, ohne sie zu kauen. Davon musste er sehr husten und sagte dazwischen: „Das geht unmöglich. Ich ... (er hustete) ... Ich habe dich doch gebeten, nicht nach dieser Geschichte ... zu fragen! Jede ... Jede andere, nur nicht ... diese!“

Der Löwe war ärgerlich, weil der Hund seinen Wunsch nicht erfüllte. Aber er mochte ihn auch nicht kränken, weil er noch mehr Geschichten von ihm hören wollte. Deswegen verfiel er auf eine List.

„Ich habe eine Idee!“, sagte er zu ihm. „Ich werde mit geschlossenen Augen auf irgendeine Stelle deines Körpers tippen. Ohne hinzusehen! Und die Geschichte, auf die meine Tatze dann zufällig trifft, musst du mir erzählen! Bist du damit einverstanden?“

„Abgemacht!“, rief der Hund.

Der Löwe, der so neugierig war, die Geschichte auf dem linken Ohr kennen zu lernen, wollte den Hund betrügen. Er schloss nämlich die Augen nicht ganz, sondern blinzelte heimlich ein wenig, hob die Tatze und tippte genau auf das linke Ohr.

Aber der Hund, der den Löwen durchschaut hatte, war noch schlauer als dieser. Denn er machte in diesem Augenblick einen Schritt nach vorn und die Tatze des Löwen traf auf die Seite des Hundes.

Auf dem Bild an dieser Stelle sah man einen Zauberer mit hohem Zauberhut in seinem Zauberzimmer. Deswegen bekam der Löwe jetzt nicht die Geschichte auf dem linken Ohr zu hören, sondern:

Achtes Kapitel

Die Geschichte vom Zauberer Abra Kadabrax

Eines Tages sagte der Affe Schlevian zum Affen Kukuk:

„Die Leute lachen manchmal über uns, weil wir so große Ohren haben."

„Das weiß ich!", sagte der Affe Kukuk.

„Ich weiß gar nicht, warum wir eigentlich nichts dagegen unternehmen", fuhr der Affe Schlevian fort.

„Gegen die Leute, die lachen?", fragte der Affe Kukuk.

„Nein, gegen die großen Ohren!", sagte der Affe Schlevian.

„Und was willst du dagegen unternehmen, wenn ich fragen darf? Etwa sie abschneiden oder sie einnähen?"

„Nichts dergleichen! Ich finde, wir sollten sie uns kleiner zaubern lassen."

„Kleiner zaubern!", rief Kukuk überrascht. „Wer soll das machen?"

„Einen Urwald weiter wohnt ein weiser Mann, der das Zaubern ganz vorzüglich beherrschen soll. Ich habe es heute von einer Sandmaus erfahren. Sie wohnt in einer Wanderdüne und kommt auf diese Weise ganz schön in der Welt herum!"

„Und der kann Ohren verzaubern?", fragte Kukuk skeptisch.

„Ohren, Nasen – was du willst. Ich habe, wie gesagt, heute Morgen der Sandmaus mein Leid geklagt und da hat sie gesagt: ‚Aber Herr Affe Schlevian, versuchen Sie es doch einmal bei dem Zauberer Abra Kadabrax. Er ist zurzeit ganz groß in Mode und soll sein Handwerk vortrefflich beherrschen. Frau Geheimrat Schnepfe hat sich wegen ihres langen Schnabels behandeln lassen und war sehr zufrieden, sehr zufrieden, sehr zufrieden. Entschuldigen Sie, dass ich mich so wiederhole, aber wenn ich aufgeregt bin, kommt das leider bei mir häufig vor!' – ‚Vielleicht sollten Sie deswegen auch einmal diesen Herrn Zauberer aufsuchen', habe ich ihr gesagt. Und sie hat ‚Ganz recht, ganz recht, ganz recht' geantwortet."

„Hast du sie auch gefragt, wo der Herr Kadabrax wohnt?", fragte der Affe Kukuk.

„Natürlich habe ich das: im nächsten Urwald, gleich wenn man hineinkommt, auf der rechten Seite!"

„Und es tut auch ganz bestimmt nicht weh?"

„Die Sandmaus hat gesagt, man spüre überhaupt nichts. Er nimmt seinen Zauberstab, spricht einen Zauberspruch, rührt das Ohr an und schon ist es verkleinert, verkleinert, verkleinert."

„Dann lass uns doch auf dem schnellsten Weg zu ihm gehen!", rief der Affe Kukuk begeistert.

„Das schlage ich doch schon die ganze Zeit vor!", rief der Affe Schlevian zurück und sie machten sich auf den Weg. Nachdem sie zwei Stunden gewandert waren, ruhten sie sich im Gras aus.

„Eigentlich müssten wir schon da sein", sagte der Affe Schlevian. „Die Sandmaus hat gesagt, es wären höchstens zehn Kilometer."

„Bist du sicher, dass du dich nicht verhört hast?", fragte der Affe Kukuk. „Vielleicht hat sie nicht ‚höchstens zehn', sondern ‚hundertzehn' gesagt."

„Nein, ich weiß es ganz genau: Sie hat dreimal ‚zehn Kilometer' gesagt."

„Drei mal zehn! Das sind ja dreißig Kilometer!", rief Kukuk unglücklich. „Da haben wir ja noch nicht einmal die Hälfte geschafft!"

„Aber nein! Nicht dreißig, sondern zehn Kilometer!"

„Was ist jetzt richtig?", fragte der Affe Kukuk verständnislos. „Erst sagst du zehn Kilometer, dann dreißig und dann wieder zehn!"

„Ich habe nicht gesagt, sie hätte ‚drei mal zehn' gesagt, sondern ich habe gesagt, sie hätte dreimal ‚zehn' gesagt."

„Aber das ist doch das Gleiche!", sagte Kukuk noch mehr verwirrt. „Jetzt kenne ich mich gar nicht mehr aus!"

„Deine Dummheit ist wirklich so groß wie deine Ohren!", rief Schlevian ungeduldig. „Verstehst du nicht? Sie hat gesagt: „Zehn Kilometer, zehn Kilometer, zehn Kilometer!"

„Ach so", sagte Kukuk. „Dann müssten wir ja wirklich bald da sein!"

Und sie wanderten auch keine fünf Minuten mehr, da standen sie am Eingang des nächsten Urwalds.

„Eigentlich sieht er aus wie unserer“, meinte der Affe Schlevian und schaute hinein. „Vielleicht dass die Stämme hier ein kleines bisschen dicker sind als bei uns.“

„Dafür sind die bei uns etwas dünner“, stellte der Affe Kukuk sachverständig fest und ging um einen Baum herum.

„Vielleicht sind die Bäume auch etwas höher als bei uns“, fuhr der Affe Schlevian fort.

„Und die Äste etwas weiter oben“, ergänzte der Affe Kukuk.

„Die Blätter etwas grüner.“

„Und von anderer Farbe als bei uns.“

„Aber sonst“, zogen sie gemeinsam die Schlussfolgerung, „sieht er genauso aus wie unserer!“

Drinnen im Urwald brummte etwas.

„Bitte, nach dir!“, sagte der Affe Schlevian höflich und ließ dem Affen Kukuk den Vortritt.

„Aber nein!“, sagte der Affe Kukuk. „Du bist etwas älter als ich und die Höflichkeit gebietet, dass ich dich vorangehen lasse!“

„Dann werden wir eben gleichzeitig gehen!“, sagte der Affe Schlevian und nahm Kukuk bei der Hand.

Vorerst blieben sie aber nur gleichzeitig stehen, denn ein Tier, das sie noch nie gesehen hatten, streckte seinen Kopf ganz, ganz langsam aus dem Gebüsch.

„Wer bist du denn, bist du denn?“, rief der Affe Schlevian und stotterte vor Aufregung wie eine Sandmaus.

„Ich . . . . bin . . . .
. . . . ein . . . . Faultier“, sagte das Tier.

Es sprach unendlich langsam und machte zwischen den einzelnen Worten so lange Pausen, dass der Affe Schlevian und der Affe Kukuk währenddessen Nachlaufen spielten, Verstecken, Ochs am Berg und Fischer, was ist an der Angel, um nicht vor Langeweile einzuschlafen.

„Liebes Faultier, kannst du nicht ein wenig schneller sprechen?“, fragten die beiden, als es schließlich seinen Satz beendet hatte.

„Dann . . . . verspreche . . . . ich . . . . mich . . . . aber . . . . immer!“, sagte das Faultier ein klein wenig schneller.

„Bitte“, fragte der Affe Kukuk, „könntest du uns vielleicht sagen, wie wir zum Zauberer Kadabrax kommen?“

„Ihr . . . . müsst . . . . einfach . . . . dem Lärm . . . . nachgehen“, sagte das Faultier, diesmal wieder so langsam wie am Anfang.

„Welchem Lärm?“, drängten sie, aber das Faultier schien keine Antwort geben zu wollen.

„Welchem Lärm?“, fragten sie trotzdem noch einmal, merkten dann, dass das Faultier nur in der Zwischenzeit eingeschlafen war, und rüttelten es wach.

„Der . . . . Zauberer . . . . schreit . . . . immer . . . . so . . . . beim . . . . Zaubern“, sagte das Faultier. „Ihr . . . . müsst . . . . nur . . . . der . . . . . .“

Sie rüttelten das Tier schnell und es fuhr fort: „. . . der . . . . Stimme . . . . nachgehen.“

„Danke!“, riefen die beiden. „Vielen Dank für die

Auskunft!“ Sie lauschten in den Wald hinein, aber sie hörten nicht den kleinsten Lärm.

„Vielleicht müssen wir einmal rufen“, sagte Schlevian und gemeinsam riefen sie: „Hallo!“

„Ich glaube, ich höre etwas!“, flüsterte Kukuk nach einiger Zeit. Aber es war nur das Faultier, das „Nichts ...... zu ...... danken!“ antwortete.

Sie riefen noch einmal und wirklich schien es, als ob ihnen jemand aus der Ferne „Hallo“ zuriefe.

Da gingen sie mutig in den Urwald hinein und drinnen eine ganze Strecke weiter. Als sie dann wieder stehen blieben und lauschten, war es so still wie in einer leeren Kirche und sie wussten nicht, wohin sie weitergehen sollten.

Da entdeckten sie einen bunten Vogel mit krummem Schnabel auf einem Ast.

„Wer bist du denn?“, fragte der Affe Kukuk.

„Wer bist du denn?“, antwortete der Vogel.

„Kannst du mir sagen, wo der Zauberer wohnt?“

„Kannst du mir sagen, wo der Zauberer wohnt?“, wiederholte der Vogel.

„Der sagt alles nach!“, sagte der Affe Kukuk wütend zum Affen Schlevian.

„Der sagt alles nach!“, krächzte der Vogel.

„Ich glaube, das ist ein Papagei“, flüsterte der Affe Schlevian dem Affen Kukuk ins Ohr. „Der hat seinen Spaß daran, immer alles nachzuplappern. Aber lass mich nur machen!“ Und laut rief er: „Ich bin ein Papagei und sage euch, wie man zum Zauberer Kadabrax kommt!“

„Ich bin ein Papagei und sage euch, wie man zum

Zauberer Kadabrax kommt!“, sagte der Papagei nach.

„Jetzt hast du versprochen, dass du uns den Weg zeigst! Und was man versprochen hat, muss man halten!“, rief Schlevian triumphierend.

Da war der Papagei überlistet und musste ihnen wirklich Rede und Antwort stehen. Es zeigte sich aber, dass er nur in Reimen sprechen konnte, wenn er einmal ausnahmsweise nicht die Worte eines anderen wiederholte.

„Also, wo wohnt der Zauberer?“, fragte Schlevian.

„Siebzig Schritte geradeaus
Und ihr seid an seinem Haus!“,

sagte der Papagei.

„Und wie kommt es, dass man ihn gar nicht hört?“, fragten die beiden. „Er soll immer solchen Lärm machen.“

Da krächzte der Papagei:

„Im Urwald, da lebte ein Weiser,
Der schrie sich beim Zaubern oft heiser.
Man hat sich beschwert,
Das sei unerhört.
Jetzt zaubert der Zauberer leiser.“

„Ach so!“, sagten die beiden Affen. „Dann vielen Dank!“

„Dann vielen Dank!“, wiederholte der Papagei ärgerlich und flog davon.

Und wirklich standen sie nach siebzig Schritten vor einem Haus und drückten auf einen Klingelknopf, über dem ein Schild angebracht war: Abra Kadabrax, Zauberer.

Der Zauberer schien nicht zu Hause zu sein, denn im Haus rührte sich gar nichts.

Sie klingelten wieder, dann wieder, dann ganz lange, und obwohl sie schließlich „Alle Vöglein sind schon da“ auf der Klingel spielten und dazu sangen, machte keiner die Tür auch nur einen Spalt weit auf.

„Das ist dumm“, sagte der Affe Schlevian. „Jetzt sind wir den ganzen Weg umsonst gegangen!“

„Da ist ein Fenster offen“, sagte der Affe Kukuk, der um das Haus herumgegangen war und eben wieder beim Affen Schlevian ankam.

„Ein Fenster?“, fragte Schlevian und sie sahen sich an.

Und wie der Blitz waren sie um das Haus herumgerannt, kletterten nach Affenart gewandt an der Mauer empor und durch das Fenster ins Innere.

Drinnen standen sie und staunten. Überall lagen dicke Bücher und Zettel mit geheimnisvollen Zeichen. An der Wand standen Regale, auf denen sich Gläser voller roter und grüner Flüssigkeit drängten, dazwischen hingen gerahmte Bilder, die den Zauberer bei der Arbeit darstellten und erläuterten, wie der Zauberstab zu halten sei. Und in einer Nische fanden sie ein goldenes Kästchen.

„Was mag wohl darin sein?“, fragte Schlevian. „Sieh doch mal nach!“

„Nein, du!“

„Nein, du!“

Sie einigten sich wie vorher am Urwaldeingang und machten gemeinsam den Deckel auf. Drinnen lag nichts Geringeres als der Zauberstab höchstpersönlich! Er war aus Elfenbein, mit einem schwarzen Knopf an einem Ende und zwei eingelegten silbernen Streifen am anderen.

„Der Zauberstab!“, riefen sie und betrachteten ihn andächtig. „Ob wir damit auch zaubern könnten?“

„Es käme auf einen Versuch an!“, sagte der Affe Schlevian nachdenklich.

„Aber vielleicht ist es gefährlich?“, fragte der Affe Kukuk ängstlich.

„Das glaube ich nicht. Wir können ja auf dem Bild nachsehen, wie man den Stab halten muss.“

„Und woher weißt du den Zauberspruch?“

„Du hast Recht“, gab der Affe Schlevian zu. „Es geht nicht!“

Aber jetzt war das Interesse des Affen Kukuk geweckt.

„Und wenn wir ihn nur nehmen und irgendetwas antippen damit – ohne Zauberspruch? Was geschieht wohl dann?“

„Du kannst es ja ausprobieren!“, meinte Schlevian zögernd.

Da nahm Kukuk den Zauberstab und tippte damit dem verdutzten Schlevian ganz schnell an die Ohren.

„Ohren, werdet kleiner!“, befahl er dabei.

Es gab ein Geräusch, wie wenn jemand auf seinen Zylinderhut schlägt, und der Affe Schlevian stand ohne Ohren da.

„Du blöder Affe!“, schrie er. „Jetzt hast du mir meine Ohren weggezaubert!“

Voller Wut entriss er Kukuk den Zauberstab und tippte dessen Ohren damit an.

Da gab es ein Geräusch, wie wenn ein dicker Pilz platzt, und der Affe Kukuk hatte Ohren, so lang, dass sie bis zu seinen Füßen reichten und noch ein Stück am Boden schleiften.

„Das werde ich dir heimzahlen!“, schrie Kukuk und wollte sich auf Schlevian stürzen.

Der hörte das zwar nicht, weil er ja keine Ohren mehr hatte, aber er sah, wie wütend der andere war. Deswegen rannte er zum Fenster und schwang sich hinaus.

Der Affe Kukuk hätte ihn sicher noch vorher festgehalten, wenn ihm nicht ein Missgeschick zugestoßen wäre: Er trat sich beim Rennen auf die Ohren, fiel zu Boden und riss im Hinstürzen die Gläser vom Regal.

Als er endlich am Fenster war, sah er den anderen schon in einiger Entfernung laufen, deswegen kletterte er wohl etwas zu hastig, griff daneben und stürzte ab.

Erst erschrak er sehr. Doch dann merkte er, dass sich die großen Ohren durch den Fall aufgebläht hatten und er wie an einem Fallschirm sacht in die Tiefe glitt.

Und als er mit den Ohren etwas wackelte, um sie auszuprobieren, ließen sie sich wie Flügel auf- und niederbewegen und der Affe Kukuk flog schnell wie ein Adler mit kräftigen Ohrenschlägen hinter dem Affen Schlevian her.

Als er ihn eingeholt hatte, ergriff er ihn aus der Luft bei den Haaren, hob ihn hoch und ließ ihn unsanft auf den Boden fallen.

Dabei hatte er in seiner Schadenfreude nicht auf den Weg geachtet. So stieß er mit dem Kopf an einen Baumstamm und stürzte ab.

Da saßen sie nun auf dem Boden nebeneinander, zerzaust, mit brummendem Schädel, der eine ohne Ohren, der andere mit viel zu langen, sahen sich gegenseitig an und mussten lachen.

„Wir wollen Frieden schließen und versuchen, unsere Ohren wieder zurechtzuzaubern!“, sagte der Affe Kukuk und der Affe Schlevian sagte noch einmal dasselbe, weil er nicht hatte hören können, was Kukuk eben gesagt hatte.

Der stand auf, trat sich aus Versehen auf die Ohren und fiel wieder hin, stand noch einmal auf, nahm beide Hände Schlevians in die seinen und dann rannten sie auf das Haus zu. Dabei schlug er mit seinen Ohren auf und ab, und als sie eine bestimmte Geschwindigkeit erreicht hatten, setzte der Affe Kukuk sanft vom Boden ab, stieg in die Höhe, zog den Affen Schlevian an den Händen mit hinauf und sie flogen durch das Fenster direkt in das Zauberzimmer.

Dort suchten sie den Zauberstab unter den Scherben der Gläser hervor und versuchten wieder ihr Glück.

Der Affe Kukuk berührte zuerst den Kopf Schlevians an der Stelle, wo früher die Ohren gesessen hatten.

Da wuchsen aus dem Kopf die schönsten, zartesten Ohrenknospen, blühten zusehends auf, entfalteten sich und der Affe Schlevian hatte seine Ohren wieder.

Jetzt nahm er den Zauberstab und berührte die langen Ohren Kukuks damit.

Da richteten sie sich seitwärts auf, immer höher, bis sie waagrecht von seinem Kopf wegstanden, und wie eine Schnecke sich in ihr Haus zurückzieht, wenn man sie antippt, so schrumpften die Ohren zusammen, zogen sich in den Kopf zurück und hörten erst auf damit, als sie ihre ursprüngliche Größe erreicht hatten.

Jetzt waren sie froh, dass sie ihre alten Ohren wiederhatten, und wollten gar keine kleineren mehr.

Aber das Spiel mit dem Zauberstab reizte sie zu sehr, als dass sie nun brav nach Hause gegangen wären. Erst berührte der Affe Kukuk mit dem Stab ein Bild, das einen Vogel darstellte. Da wurde der Vogel lebendig und flog im Zimmer umher.

Der Affe Schlevian wollte nicht zurückstehen und tippte an ein anderes Bild. Da sprang ein dicker Fisch heraus, tänzelte auf seinen Schwanzflossen durchs

Zimmer und sang, während der Vogel immer im Kreis um ihn herumschwirrte:

„Ich bin der sehr bekannte,
Zu Wasser und zu Lande
Beliebte Freitagsfisch.
Es gibt mich freitags frisch
Bei jeder alten Tante,
Auf jedem Mittagstisch!“

Das gefiel den beiden Affen. Sie sangen den Refrain mit: „Es gibt mich freitags frisch auf jedem Mittagstisch“, tanzten übermütig und schließlich packte der Affe Schlevian den Fisch, setzte ihn auf den Tisch, setzte sich ebenfalls darauf und klopfte mit dem Zauberstab an die Tischplatte.

Da bewegte der Tisch seine Beine, erst langsam und prüfend, dann immer schneller und trabte mit dem Affen Schlevian und dem Fisch auf seinem Rücken im Zimmer umher.

Schnell setzten sich der Affe Kukuk und der Vogel auf die Bank und berührten sie ebenfalls mit dem Zauberstab. Da galoppierte die Bank hinter dem Tisch drein wie ein Fohlen hinter der Stute.

Das gefiel den vieren natürlich noch mehr. Sie galoppierten aus der Tür, durch den Flur und wieder zurück, veranstalteten Pferderennen und tobten schließlich so durch das Zimmer, dass sie alle Bücher von den Regalen stießen, alle Flaschen zerbrachen und viele Bilder von den Wänden rissen.

Da ging plötzlich die Tür auf und der Zauberer stand im Zimmer! Schlevian und Kukuk wollten schnell davonreiten, aber Tisch und Bank hatten vor Schreck steife Beine bekommen und standen unbeweglich wie zuvor.

Man konnte dem Zauberer ansehen, wie wütend er war: Er war ganz grün im Gesicht, die Haare standen in die Höhe und die Augen sprühten.

Er griff nach einem Stock und schlug damit auf die Affen, den Fisch und den Vogel ein. Weil er aber aus Versehen den Zauberstab dazu genommen hatte, zauberte der Stab die vier zusammen.

Dem Affen Kukuk hatte er auf den Rücken geschlagen, den Fisch auf den Kopf und den Vogel auf die Flügel getroffen. Da saß der Affe Kukuk auf dem Boden, hatte einen Fischkopf und statt der Arme Flügel.

Der Affe Schlevian hatte die restlichen Teile bekommen und sah noch schlimmer aus: Auf Vogelbeinen stand ein schuppiger Fischleib und hatte den Kopf vom Affen Schlevian.

„Bin ich jetzt ein Fischaffenvogel oder ein Vogelfischaffe oder ein Affenvogelfisch?“, fragte er verzweifelt.

„Und ich?“, jammerte Kukuk. „Bin ich ein Affenfischvogel oder ein Fischvogelaffe oder ein Vogelaffenfisch?“

Da musste der Zauberer trotz aller Wut fast lachen. Er berührte sie wieder mit dem Zauberstab und da hatten alle wieder ihre alte Gestalt.

„Bevor ich euch bestrafe“, sagte er dann streng zu den Affen, „werdet ihr erst die Scherben beiseite räumen, die ihr überall verstreut habt!“

Und zu dem Fisch und dem Vogel sagte er: „Euch aber werde ich wieder in die Bilder verwandeln, die ihr gewesen seid.“

Damit nahm er den Fisch, hielt ihn an die Wand, berührte ihn mit dem Stab und so schnell, dass man gar nicht zusehen konnte, war aus dem Fisch ein Bild mit dickem Goldrahmen geworden.

Jetzt griff er nach dem Vogel, aber der versuchte zu entkommen und flatterte überall im Zimmer umher. Der Zauberer, der hinter ihm herrannte und ihn einfangen wollte, stolperte über die Bank, die noch mitten in der Stube stand, wo sie stehen geblieben war, und fiel der Länge nach auf den Boden.

Da dachten die beiden Affen, jetzt sei die Gelegenheit zur Flucht günstig, und sie rannten auf das Fenster zu um hinauszuklettern.

Sie hatten sich verrechnet, denn der Zauberer beherrschte sein Handwerk so vollkommen, dass er so-

gar über einige Entfernung hinweg zaubern konnte. Er murmelte schnell einen Zauberspruch und wies, auf dem Bauch liegend, mit dem Zauberstab in Richtung der beiden Affen. Die konnten keinen Schritt weitergehen und waren wie aus Stein.

Der Zauberer stand langsam auf, wischte den Staub von seinem Zaubermantel und trat auf die beiden Affen zu.

„Euch werde ich es zeigen!", sagte er drohend. „Ihr glaubt wohl, ihr könnt einen Zauberer wie Abra Kadabrax an der Nase herumführen?"

Erst fing er den Vogel und strich ihm mit dem Stab über den Kopf. Dann murmelte er etwas und stieß dem

Affen Kukuk mit dem Stab vor den Bauch. Da wurde der Affe Kukuk kleiner und kleiner – wie ein Luftballon, aus dem man die Luft herauslässt. Und der Vogel wurde größer und größer – wie der gleiche Luftballon, wenn man Luft hineinpumpt.

Als beide gleich groß waren (oder gleich klein, je

nachdem, ob man es mit den Augen des Vogels oder des Affen betrachtet), murmelte der Zauberer abermals einen Spruch.

Es gab einen Knall, wie wenn der Luftballon platzt, und dann hatte der Affe Kukuk einen Vogelkopf und der Vogel den Kopf des Affen Kukuk.

„Und nun zu dir!“, sagte der Zauberer zum Affen Schlevian und lächelte böse.

Dann sagte er dreimal schnell „Knixknoroax“ hintereinander, tippte ihm mit dem Stab auf die Nase und da begann eine schreckliche Verwandlung mit ihm: Seine Arme verschmolzen mit dem Körper, der immer dünner wurde, seine beiden Beine wurden zu einem Bein, das auch noch dünner wurde und sich streckte.

Und schließlich war der Affe Schlevian nichts anderes mehr als eine lange Röhre, unten dünn und oben dicker, an deren dickem Ende der Kopf saß. Die Haut wurde härter und glänzender, und als der Zauberer die Röhre in die Hand nahm, sie wohlgefällig betrachtete und dann in das untere Ende hineinblies, ließ es sich nicht länger verheimlichen: Der Affe Schlevian war zu einer großen Trompete geworden! Unten blies der Zauberer hinein und aus dem geöffneten Mund Schlevians kam die Musik heraus.

Erst musste er etwas üben, bis er das ungewöhnliche Instrument beherrschte, aber nach wenigen Minuten konnte er alle Melodien blasen, die er blasen wollte, und weit schallte es durch den Urwald, als er das Lied von dem Vogelaffen und dem Affenvogel spielte. Dazu mussten der Vogel und der Affe Kukuk den Text singen:

„Der Affenvogel tanzte
Zu Hause einen Tanz.
Da kam ein Vogelaffe
Und trat ihm auf den Schwanz.

Der Affenvogel schrie:
Mein Herr, verschwinden Sie!
Ich hab Sie nicht gebeten,
Mir auf den Schwanz zu treten!

Es ist nur wenig vornehm,
Den Gast so zu beschümpfen!
Sagte der Vogelaff
Und ging mit Schnabelrümpfen."

Schließlich hatte der Zauberer lange genug gespielt und es machte ihm keinen Spaß mehr.

Er gab allen dreien wieder ihre Gestalt, nahm erst den Vogel und machte ihn zu einem Bild, dann ging er auf den Affen Schlevian zu und berührte auch ihn mit dem Stab. Da wurde er ebenfalls zu einem prächtigen Bild mit herrlichen Ornamenten darauf, Blumen und Pflanzen und kleinen Bildern dazwischen, die Begebenheiten und Geschichten darstellten.

Erst wollte er auch den Affen Kukuk in ein Bild verwandeln, dann kam ihm eine bessere Idee. Er machte einen Hund aus ihm und sagte:

„Du wirst in Zukunft das Haus bewachen, wenn ich es einmal verlasse. Damit sich in meiner Abwesenheit nicht wieder solche Katastrophen ereignen wie heute!"

Wie er das sagte, stand er gerade unter dem Bild, das vorher der Affe Schlevian gewesen war. Da löste es sich von der Wand und fiel ihm auf den Kopf.

Der Zauberer fiel um, die Brille rutschte ihm von der Nase, der Zauberhut wurde zerdrückt und der Zauberstab fiel ihm aus der Hand.

Da nahm der Hund, der seinen Gefährten Schlevian nicht allein zurücklassen wollte, schnell das Bild zwischen die Zähne und versuchte, mit ihm zusammen zu fliehen.

Weil es so schwer war, ging er rückwärts und schleifte das Bild in seinem Maul hinter sich her und dabei trat er auf den Zauberstab. Kaum hatte er ihn berührt, so wirkte dessen Kraft: Der Hund und das Bild wurden zusammengezaubert. Sein Rücken, sein Bauch, seine Beine – alles war über und über mit bunten Bildern bedeckt, als wären sie eintätowiert worden.

Als der Hund das merkte, freute er sich sehr, weil er nun das schwere Bild nicht mehr mühsam ziehen musste, sondern es auf der Haut hatte.

Wie der Blitz rannte er aus der Tür, und ehe der verdutzte Zauberer so recht wusste, was geschehen war,

war der Hund im undurchdringlichen Unterholz des Urwalds für immer verschwunden.

„Und man hat diesen tätowierten Hund niemals mehr gesehen?“, fragte der Löwe traurig.

„Niemals!“, sagte der tätowierte Hund.

„Das ist traurig“, seufzte der Löwe. „Nie mehr gesehen!“

Und je eine Träne trat in seine Augen.

Der tätowierte Hund, der den Löwen lieber lachen sah, versuchte ihn zu trösten.

„Jetzt erzähle ich dir die Geschichte, wie sich der Affe Kukuk aus Versehen in einen Igel setzte“, sagte er. „Das wird dich aufheitern.“

Aber der Löwe schüttelte kläglich den Kopf.

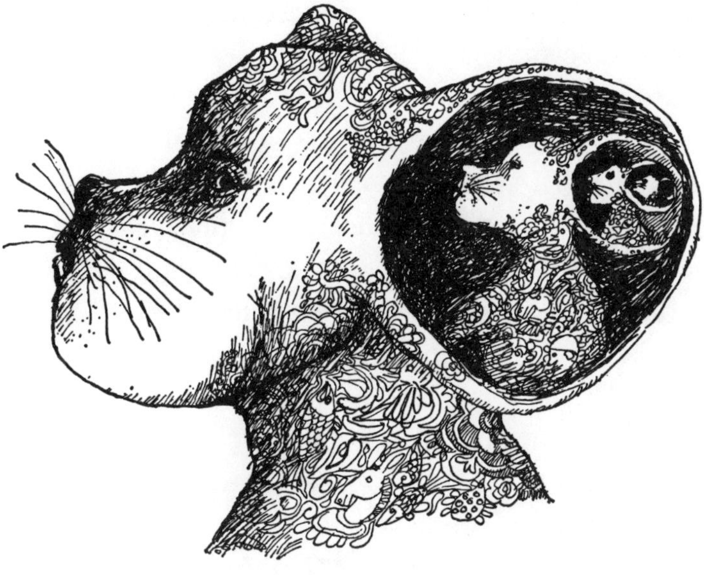

„Oder die Geschichte, wie der Affe Schlevian einen Schwarzbären mit einer Blaubeere verwechselte? Die wird dir bestimmt Spaß machen."

Aber der Löwe schüttelte nur den Kopf.

„Ja, gibt es denn gar nichts, was dich wieder lustig machen könnte?"

„Doch!", erwiderte der Löwe und seufzte noch einmal. „Ich werde erst dann wieder lustig, wenn du mir die Geschichte auf deinem linken Ohr erzählst", sagte er schlau und seufzte schnell ein drittes Mal, als er sah, wie sich das Gesicht des Hundes verzog.

Nun seufzte auch der Hund und schließlich sagte er: „Wenn es nicht anders geht, werde ich wohl mein Ohr hochklappen müssen!" Und er tat es.

Der Löwe vergaß sofort seinen Kummer, setzte die Brille auf und betrachtete die Zeichnung.

„Ein tätowierter Hund!", rief er erstaunt.

„Ganz recht, ein tätowierter Hund", bestätigte der Hund. „Bevor ich dir aber die Geschichte erzählen kann, muss ich dir die Zeichnung genauer erklären. Sie ist nämlich nicht einfach, die Geschichte! Was hat der Hund auf meinem Ohr auf seinem linken Ohr?"

Der Löwe betrachtete die Zeichnung genauer und rief dann aus: „Wieder einen tätowierten Hund!"

„Und was", fragte der tätowierte Hund beharrlich weiter, „ist auf dem linken Ohr des tätowierten Hundes zu sehen, der auf dem linken Ohr des tätowierten Hundes zu sehen ist, der auf meinem Ohr zu sehen ist?"

„Wie meinst du?", fragte der Löwe verwirrt. „Du stotterst ja plötzlich!"

Und der Hund wiederholte seine Frage.

„Du meinst, ich soll nachsehen, was auf dem linken Ohr des Hundes auf dem Ohr des Hundes auf deinem Hund beziehungsweise auf deinem Ohr zu sehen ist?“, fragte der Löwe und war noch mehr durcheinander.

Der Hund nickte.

Der Löwe sah sich die Zeichnung an und rief dann aufs Höchste überrascht aus:

„Aber da ist ja wieder ein noch kleinerer tätowierter Hund darauf!“

„Ich weiß!“, entgegnete der Hund ruhig. „Und jetzt möchte ich wissen, was auf dem linken Ohr dieses tätowierten Hundes zu sehen ist, der auf dem linken Ohr des Hundes zu sehen ist, der auf dem linken Ohr des Hundes abgebildet ist, der auf meinem Ohr eintätowiert ist!“

„Wie? Was?“, rief der Löwe verstört. „Willst du mich denn verrückt machen?“

„Es tut mir Leid“, sagte der Hund. „Aber bevor ich die Geschichte erzählen kann, müssen alle Zusammenhänge geklärt werden, sonst ist die Geschichte zu verwirrend!“

„Du willst wissen“, wiederholte der Löwe gequält, „was auf dem linken Ohr des linken Ohres, des Hundes, des linken Hundes ... Nein, ich kenne mich nicht mehr aus!“

„Versuch es nur noch einmal!“, befahl der Hund geduldig.

„Du willst also wissen, was auf dem linken Hund des tätowierten Ohres zu sehen ist, der ... Nein, es ist zum Verrücktwerden!“, rief der Löwe und wurde immer wütender.

„Du musst es nur in Ruhe überlegen!“, belehrte ihn der Hund.

„Was ist auf dem linken Ohr des Hundes eintätowiert, der auf dem linken Hund ... dem linken Ohr ... dem Ohr ... Nein, das soll herausfinden, wer mag!“, schrie der Löwe in höchster Wut. „Deine Geschichten hängen mir zum Hals heraus!“ Er nahm seine Aktentasche, warf seine Brille hinein, murmelte böse: „Ich muss jetzt regieren! Ich habe keine Zeit mir alberne Geschichten anzuhören. Lebe wohl!“ Und ging seiner Wege.

Als sich der Hund nach dem Sandkäfer umblickte, war auch der verschwunden.

„Es ist doch jedes Mal das Gleiche!“, sagte der tätowierte Hund. „Und dabei ist es so einfach:

Auf dem linken Ohr des tätowierten Hundes, der auf das linke Ohr des Hundes tätowiert ist, der auf dem Ohr des Hundes eintätowiert ist, der auf meinem Ohr tätowiert ist, ist natürlich wieder ein tätowierter Hund tätowiert! Aber die Leute können ja nicht einmal die einfachsten Fragen beantworten. Wie soll ich ihnen dann Geschichten erzählen!“

Damit verschwand er in westlicher Richtung im Urwald, da, wo das Unterholz ganz dicht ist, und seitdem hat man ihn nicht wieder gesehen.

Weitere Werke von Paul Maar:

Herr Bello und das blaue Wunder
Kartoffelkäferzeiten
Das kleine Känguruh und seine Freunde
Kreuz und Rüben, Kraut und quer
Lippels Traum
Onkel Florians fliegender Flohmarkt
Eine Woche voller Samstage
Am Samstag kam das Sams zurück
Neue Punkte für das Sams
Ein Sams für Martin Taschenbier
Sams in Gefahr
Der Tag, an dem Tante Marga verschwand
Der verborgene Schatz
In einem tiefen, dunklen Wald
Die Opodeldoks

Seine Werke sind im Verlag Friedrich Oetinger erschienen

In der Reihe

Süddeutsche Zeitung Junge Bibliothek

sind bereits erschienen:

176 Seiten
3-86615-113-6

112 Seiten
3-86615-147-0

128 Seiten
3-86615-115-2

88 Seiten
3-86615-122-5